You can get perm-skill for salon work. Go for it!

BASIC PERM

Shigekazu Kondo

近藤繁一

BASIC × BASIC do!

Shigekazu Kondo

　はじめまして、近藤です。僕は、かつてパーマが不得意で自信がなくて、嫌いでした！パーマをかけると、せっかくカットしたスタイルがちがうものに変わってしまうことが納得できないなぁ…みたいな気分がありました。もちろん「巻き」も上手じゃなかった。レイヤーが入った毛束はパラパラと毛が落ちてしまったりとか、当時のお客様には大変失礼なことですが、「ああ、毛先が折れてるなぁ」と思いながら巻き込んでしまったりとか…。この本は、すべて僕自身のそんな苦い経験と失敗がベースになっています。だから、ここで紹介しているパーマテクニックは実用的なんだと思います。

　苦手なパーマでも、練習と経験を積んで上達してくると、嫌いが好きになるんですよ。パーマが使えると、ヘアデザインの幅が広がって、お客様に喜んでもらえるのがわかるからなんです。パーマはお客様にとって新たな感動や意外性を与えることができる、あるいはデザインを展開・演出していける、という確信が持てるようになりましたね。

　昔のパーマはセットのためのパーマ、もしくはウエーブ形状をそのまま見せるパーマでしたが、今のパーマは「うねり」「ハネ」「アクセント」などを含んでバランスのいい形をつくることが主流です。スライス、ステム、ロッド選択、巻き方が複合して、ダメージ毛対策も必要になっています。

　こう言うと、すごくむずかしいようですが、実はそうでもないんですよ。いくつかの「原則」や「仕組み」がわかるだけで、逆に巻くことが楽しくなるんじゃないでしょうか。「原則」や「仕組み」を知って、自分で応用させながらパーマが上達できる。そんなパーマの勉強プログラムがあれば、きっとパーマが楽しくて得意になると思います。特に、サロン入店直後のスタッフには、オールパーパスの後に学ぶ教材になればいいですね。「ベーシックパーマ」は、そんなイメージを持ってつくってみました。

「巻き」の準備
①ウィッグは、P126～129で紹介しているカット方法を参考にして、カットをしてください。美容学校生やカットを勉強中のアシスタントの人でも、将来に向けてがんばってカットしてみましょう。自分でやったことは、必ず身につきます。

BASIC PERM C O N T E N T S

- 06 **INDEX**
- 08 オールパーパス巻き

基本の「巻き」
BASIC WINDING

- 14 よこスライス
- 22 たて＆ななめスライス
- 28 スパイラル巻き
- 44 ピンパーマ

サロンワークの「巻き」
WINDING for SALON WORK

A
- 52 パーマデザインの3分類
- 54 フェミニン＆エレガント系①
- 58 フェミニン＆エレガント系①（ショートバージョン）
- 62 フェミニン＆エレガント系②
- 66 フェミニン＆エレガント系②（ショートバージョン）
- 70 デザイン比較　フェミニン＆エレガント系
- 72 デザイン比較　フェミニン＆エレガント系（ショートバージョン）

B
- 76 カジュアル＆ナチュラル系①
- 80 カジュアル＆ナチュラル系①（ハイレイヤーバージョン）
- 84 カジュアル＆ナチュラル系②
- 88 カジュアル＆ナチュラル系②（ハイレイヤーバージョン）
- 92 カジュアル＆ナチュラル系③
- 96 カジュアル＆ナチュラル系③（ハイレイヤーバージョン）
- 100 デザイン比較　カジュアル＆ナチュラル系
- 102 デザイン比較　カジュアル＆ナチュラル系（ハイレイヤーバージョン）

C
- 104 ストリート＆モード系
- 108 ストリート＆モード系バリエーション
- 110 デザイン比較　ストリート＆モード系

「巻き」の基礎
FOUNDATION of WINDING

- 20 ゴムのかけ方
- 34 むずかしい巻き①カットラインがななめの場合
- 36 むずかしい巻き②そぎの多い短い毛
- 37 むずかしい巻き③ネープの逆巻き
- 38 むずかしい巻き④ロングロッド
- 40 スライスの構成
- 42 ステムの種類と役割

SKILL UP TECHNIQUE

- 114 パーマの知識①パーマの仕組み
- 115 パーマの知識②パーマ剤の構成
- 116 パーマの知識③パーマ剤の分類
- 117 パーマの知識④ダメージとパーマの関係
- 118 「毛先巻き」と「毛先にがし」のちがい
- 120 「気づき」のポイント
- 122 ターバンのかけ方と薬剤塗布
- 124 テストカールとその対策

カットテクニック
CUT TECHNIQUE for PERM DESIGN

- 126 ミディアムローレイヤー
- 127 ミディアムハイレイヤー
- 128 ショートミディアムローレイヤー
- 129 ショートグラレイヤー

- 04 message 1
- 39 message 2
- 130 message 3
- 131 クレジット＆奥付

BASIC PERM 《INDEX》

基本の「巻き」 BASIC WINDING

カットベース (P126)
ミディアムローレイヤー

- よこスライス (P14)
- たて&ななめスライス (P22)
- スパイラル巻き (P28)

ミディアム系

サロンワークの「巻き」 WINDING for SALON WORK

- フェミニン&エレガント系① (P54)
- フェミニン&エレガント系② (P62)

カットベース (P129)
ショートグラレイヤー

- ピンパーマ (P44)

ショート系

カットベース (P128)
ショートミディアムローレイヤー

- フェミニン&エレガント系①バリエーション (P58)
- フェミニン&エレガント系②バリエーション (P66)

06 BASIC PERM

You can get perm-skill for salon work.
BASIC WINDING & SALON WINDING

カジュアル&ナチュラル系①（P76）	**カットベース（P127）** **ミディアムハイーレイヤー**	カジュアル&ナチュラル系①バリエーション（P80）
カジュアル&ナチュラル系②（P84）		カジュアル&ナチュラル系②バリエーション（P88）
カジュアル&ナチュラル系③（P92）		カジュアル&ナチュラル系③バリエーション（P96）

カットベース
ミディアムセイムレイヤー

ストリート&モード系（P104）

ストリート&モード系バリエーション（P108）

BASIC PERM 《INDEX》

この本では、5つのカットベースから、「基本の巻き」4、「サロンワークの巻き」12、合計16のパーマデザインとそのテクニックを紹介していきます。実際のサロンワークで求められるパーマデザインのほとんどは、この範囲に含まれます。ウエーブの形状や形と質感、それにともなう印象のちがいをしっかり理解しながら、パーマの練習を進めていきましょう

BASIC PERM 07

all-purpose
オールパーパス

オールパーパスは土台づくり

「オールパーパス」を直訳すると「すべての目的」。つまり、どんなヘアスタイルにも適した巻き方という意味になります。ブローやセットでスタイルを仕上げることが前提であれば、こういった小さいロッドで細かく強いウエーブで土台をつくることも有効です。しかし、現在のサロンワークではオールパーパスのロッド構成で巻くことは非常に少なくなっています。現在のパーマは、土台づくりではなく、直接スタイルをつくる役割が求められているからです。まずロッドとペーパーとゴムに慣れる。体を上下に移動させる、両ひじをよこに張り、手首をやわらかくして巻きおさめる。カットの練習の最初にハサミの持ち方と開閉を覚えるのと同じように、オールパーパスは「巻き」のもっとも初歩の基礎訓練として重要なのです。

左ページが67本のロッドを使った国家試験用。右ページが72本のロッドを使った競技用のワインディング例です

67本

08 BASIC PERM

72本

> you can make a cute style!
> side slice is part of perm.

デザインのためのパーマ

この本を手にとっている方は、美容師資格試験の課題である「オールパーパス」をすでに卒業したか、あるいは現在練習中だと思います。であれば、すでに「巻き」の基礎をマスターしているはずです。まず髪を濡らす、ブロッキングする、パネルを引き出す、ペーパーをおく、毛束を巻きこむ、ロッドを回転させる…というプロにとってはごく当たり前でも、一般の人にとっては非常に特殊なことを身に付けているからです。この経験をふまえた上で、あるイメージを表現するためのカールやウエーブ、方向性やボリュームやハネやうねりをつくる、といった現在のサロンワークで求められている「デザインを目的としたパーマ」のノウハウをこの本でしっかりマスターしていきましょう。

BASIC PERM 09

Let's start!

horizontal-slice

vertical & oblique - slice

spiral

pin-perm

how to fasten rod with a rubber band.

troublesome winding 1 layerd with thinnng

troublesome winding 2 short-length with thinnng

troublesome winding 3 nape

troublesome winding 4 long rod

sorts of slicing

sorts of stem

BASIC WINDING

You can get perm-skill for salon work.

BASIC PERM 11

巻きの基本

オールパーパスの次には、まず「巻き」の基本をマスターしてほしい。毛先巻き（平巻き）のスライスちがい（「よこ」と「たて&ななめ」）、スパイラル、ピンパーマ。この4つがわかると、実際のサロンワークのパーマが身近に感じられるはずです。それは、サロンワークのパーマのほとんどが、この4つの組み合わせでできているからです。サロンワークのパーマをマスターするための基本が、ここにあります。さあ、スタートしましょう！

❶ horizontal-slice
よこスライス
（平巻き）

オールパーパス巻きと同じく、たてにブロッキングします。ロッドの大きさ、ステム、方向性を変えることでサロンワークに応用できることを理解しておきましょう

❷ vertical & oblique-slice
たて&ななめスライス
（平巻き）

頭の《左右の丸み》に沿って、よこにブロッキングしていきます。巻き方そのものは「よこスライス」と同じですが、両手を「たて」方向に動かして巻くことをマスターしましょう

❸ spiral
スパイラル巻き
（たて&ななめスライス）

毛束を重ねず根元からスパイラルに巻いてみましょう。「たて&ななめスライス」とはちがう、毛束が重なり合うことで出てくる弾力あるウエーブをつくることができます

❹ pin-perm
ピンパーマ

デザインの幅を広げるためには、ピンパーマはすごく大切なテクニックです。ロッドでは出せない微妙なちがいや変化を、指の動きだけで思い通りに出すことができるからです

よこスライスの毛先巻きで、きちんとロッドに巻き込んだウエーブは、毛先に弾力があり、「波」が大きくうねり、浮き上がる感じをつくります

★大きなうねりのある
毛先の弾力感

「よこスライス」に比べて動きや立体感が出せることと、方向性をつくることができるために、デザインの幅が広がります

★毛流れをつくる、
ふわっとしたカール感

毛束感とうねり、毛先の動き。スパイラル巻きを使うと、髪の表情をすごく豊かにすることができます。たて長シルエットづくりも可能になります

★立体的な動きが
豊かな質感をつくります

毛先の方向性や動き、エリアごとのボリュームや質感のちがい、毛束感を意識したピンパーマだからこそ、ショートヘアをやわらかく仕上げることができます

★思い通りの微妙な
カールの変化が可能

BASIC WINDING

BASIC PERM 13

よこスライス
horizontal-slice

最初に紹介する「よこスライス」の平巻き（毛先巻き）は、デザインとしての「巻き」の基本の基本です。巻き方はオールパーパスと基本的に同じですが、サロンワークの多くの場合では、使用するロッドの大きさ、ステム、方向性にちがいがあります。ボリュームがほしいフロント〜トップを除いて、ダウンステムが中心です。まずは、毛先からきちんと巻き込んで、しっかりと正確にウエーブを出すことをマスターしましょう

14 BASIC PERM

| カットベース／ミディアムローレイヤー（P126参照） | 使用ロッド |

32mm
29mm
26mm

You can get perm-skill for salon work.
basic winding 1 horizontal-slice

horizontal-slice

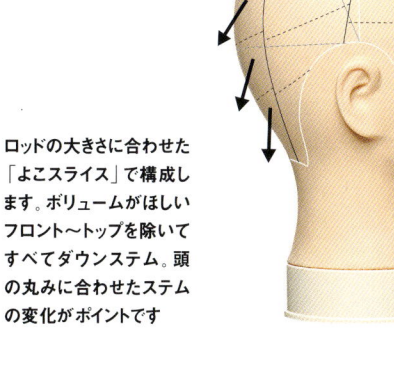

ロッドの大きさに合わせた「よこスライス」で構成します。ボリュームがほしいフロント〜トップを除いてすべてダウンステム。頭の丸みに合わせたステムの変化がポイントです

フロント〜トップはベースにきちんと巻きおさめます。その他のエリアは、ダウンステムで根元をあけて巻きおさめていることを確認してください

20ミリ以上の大きなロッドでしっかりかけたウエーブの形状です。よこスライスの平巻きだけでも、ステムと方向性が理解できているだけで、サロンワークでも充分に通用するスタイルづくりが可能です

毛先は大きめにしっかりかかり、根元にいくほどゆるやかになるのが毛先巻きの特徴です。フロント〜トップの根元の立ち上がりと、ダウンステムで構成した下のウエーブの状態を確認しておきましょう

BASIC PERM 15

よこスライス
front~top

horizontal-slice

オールパーパスと同様のスライス構成です。ロッドの大きさに合わせて、スライスも大きくなります

ロッドを滑らせる感じ引き上げて、毛先を巻きこむ

2枚目のペーパーをおいて…　　**ゴムかけは「あやがけ」がおすすめ（P20-21参照）**

フロント1本目の巻きです。ペーパーをおき、毛先をロッドに巻きつけて、コームのテール（尾っぽの部分）でペーパーをロッドにくるみこみ、1回転させたところでロッドを（同じステムの延長上で）引き上げます。これは、毛先が折れたり流れたりすることなく、きちんとロッドに巻きつけられるようにするためです（これを「毛先スリップ」と呼びます）。毛先をスリップさせたあとは、2枚目のペーパーをおいて、またコームのテールでそがれている毛をくるみこんで、かかりムラがないように、根元まで巻きおさめていきます

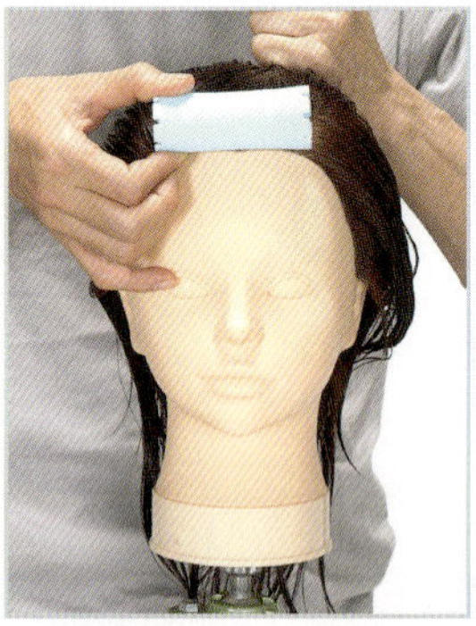

ステムを確認！

スライスはロッドの大きさが目安。センターに合わせて、1本目はオンベースに引き出します（オンベースの引き出し位置に注意しましょう／★の3枚の写真は同じパネルです）

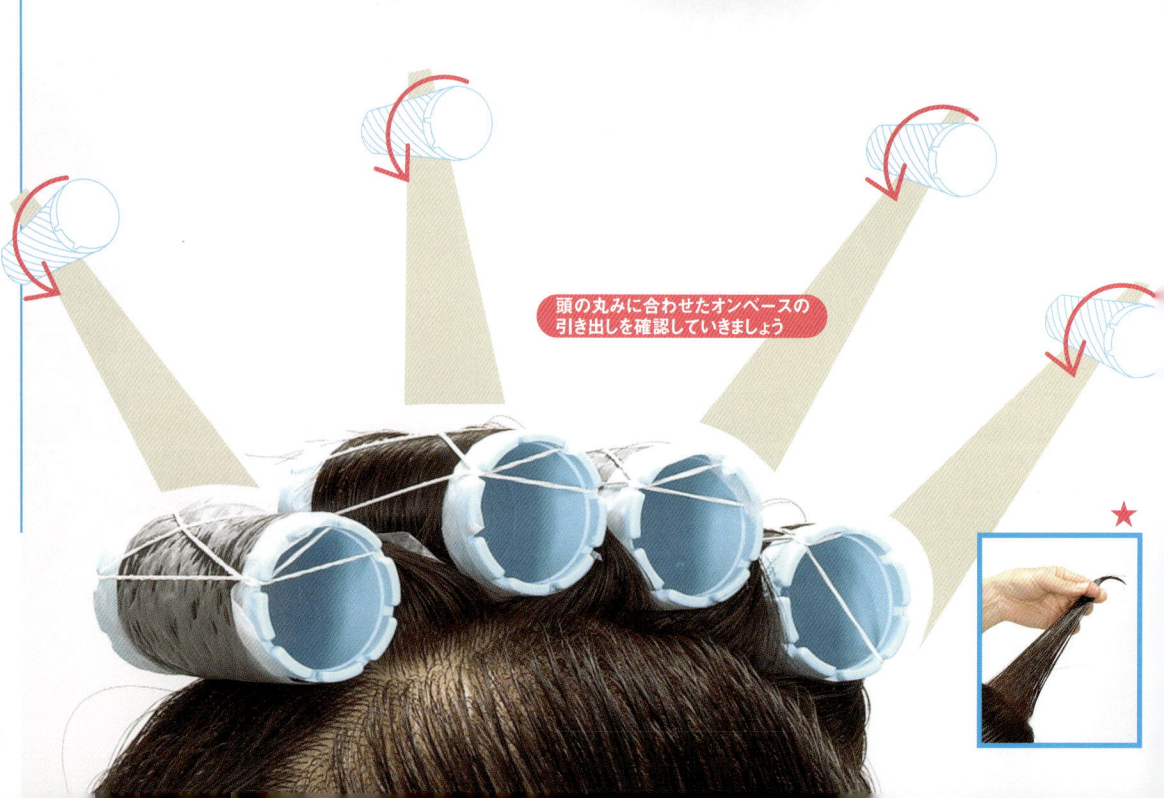

頭の丸みに合わせたオンベースの引き出しを確認していきましょう

16　BASIC PERM

よこスライス
back

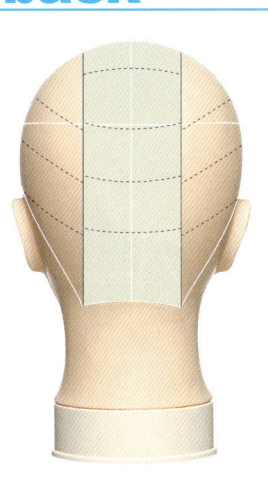

You can get perm-skill for salon work.
basic winding 1 horizontal-slice

horizontal-slice

ここからはダウンステムです。頭の丸みに合わせてステムが徐々に下がっていきます。オンベースの場合にはスライスの中央で巻きおさまりますが、ダウンステムの場合には、ベースの下の位置で巻きおさまることを理解しましょう。バックは、トップの大きなウエーブよりも、やや小ぶりのウエーブをつくるために、ロッドを1〜2段小さくします

ステムが徐々に下がっていく

ペーパー1枚目

ロッドをステムと同じ方向に引き下げ、毛先を巻きこむ

ペーパー2枚目

この地点で巻き終わり

ゴムかけは「あやがけ」がおすすめ（P20-21参照）

バック1本目の巻きです。ダウンステムで引き出し、ペーパーをおき、毛先を1回転させたところで、ロッドを引きます。左ページのフロント〜トップの巻きと同様、毛先をしっかりロッドに巻きこむためです。さらに2枚目のペーパーをおき、巻き込んでいきます

BASIC PERM 17

よこスライス
side

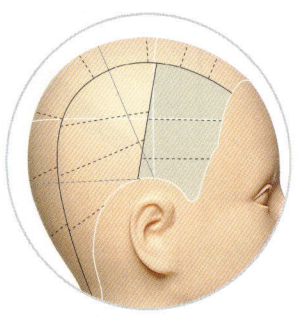

ダウンステムでサイドを巻いていきましょう。ステムはバックと連動して下に行くにしたがってだんだん下げていきます。ロッドは、トップと同じ大きさからだんだん小さくしていきます（ロッド幅に合わせてスライスも狭くしていきます）

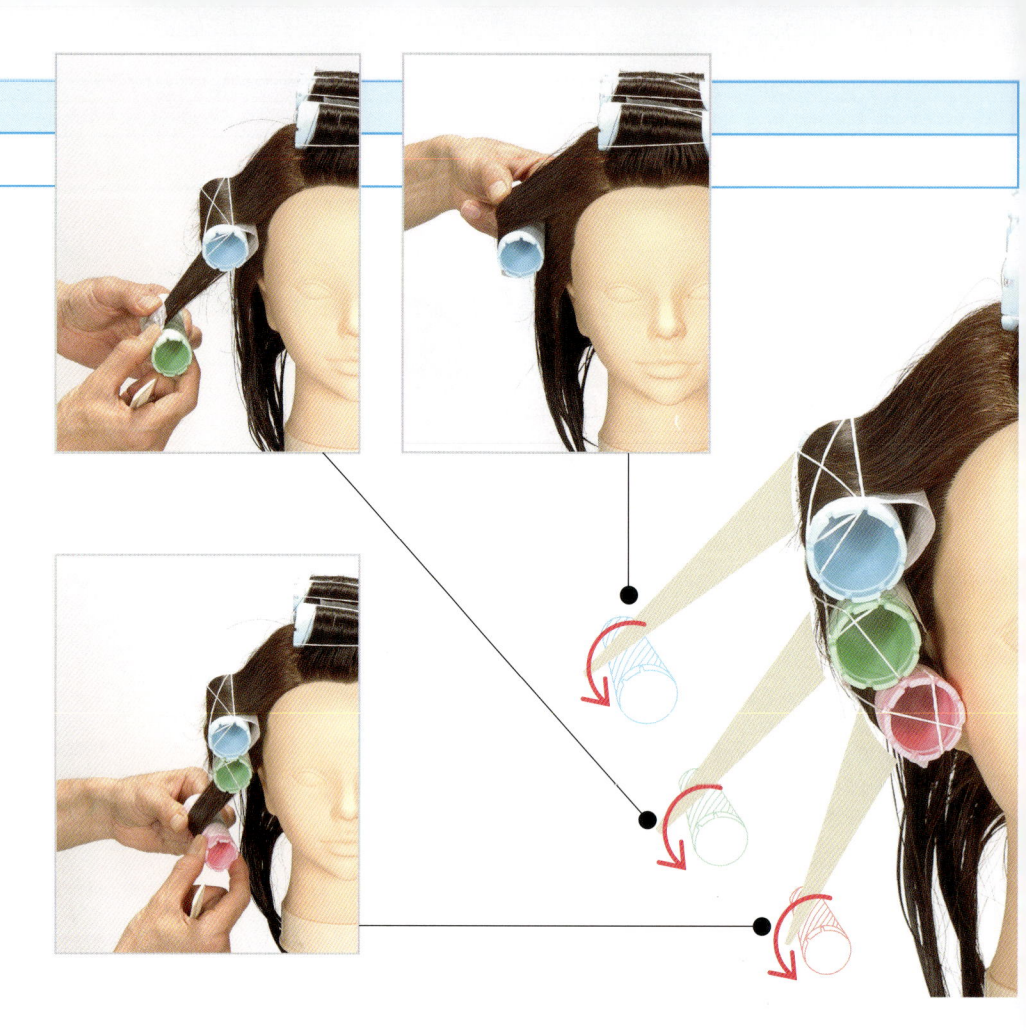

よこスライス
back side

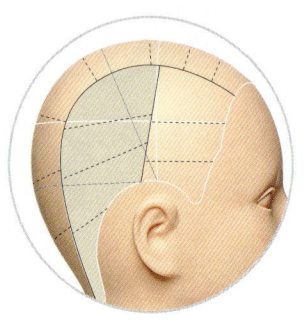

バックとサイドをつなぎます。ロッドはバックと同じ大きさに合わせます。ステムはバックとサイドと同様に、徐々にさげていきましょう

トップ以外はダウンステムです。オンベースあるいはオーバーステムは、確かに巻きおさまりはきれいで整然としていますが、ボリュームが出すぎます。目的は巻くことではなく、スタイルをつくるためです。特にボリュームを求める以外は、オンベースあるいはオーバーステムはありません

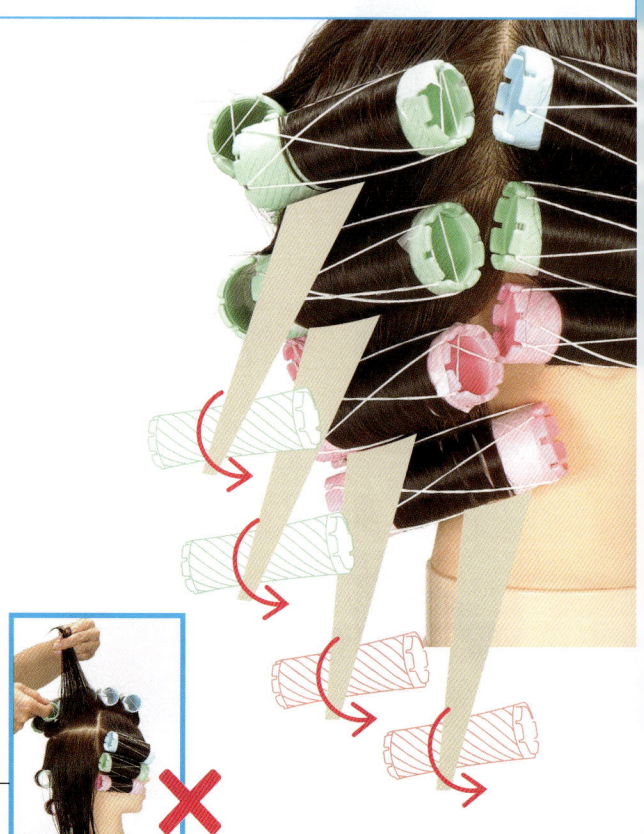

18 **BASIC PERM**

よこスライス
finish

You can get perm-skill for salon work.
basic winding 1 horizontal-slice

ロッドオン

ロッドオフ

仕上がり

今回はセンターパートで仕上げてみました。よこスライスの毛先巻き特有の、全体に「波」が浮き上がる感じになります

#2 ゴムかけ

「巻き」をフィニッシュさせるゴムかけを、ここでしっかり確認していきましょう。ゴムかけは下の写真のように3種類。それぞれに長所と短所があります。それぞれの特徴を理解した上で、サロンワークに適したゴムかけをマスターしておきましょう

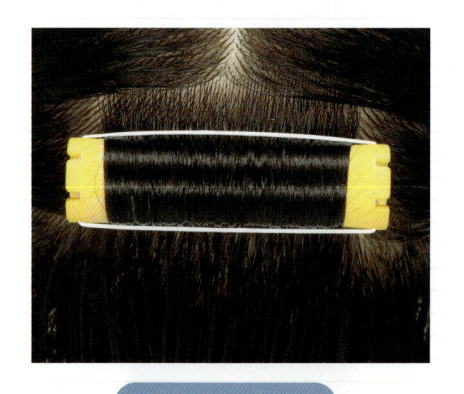

一回がけ

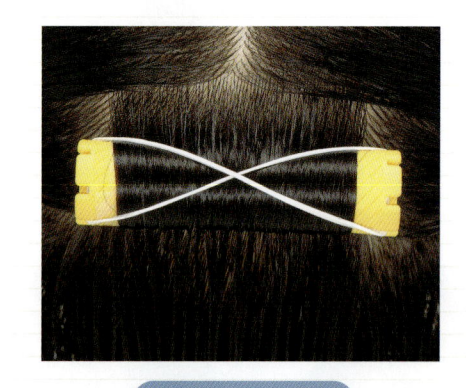

クロスがけ

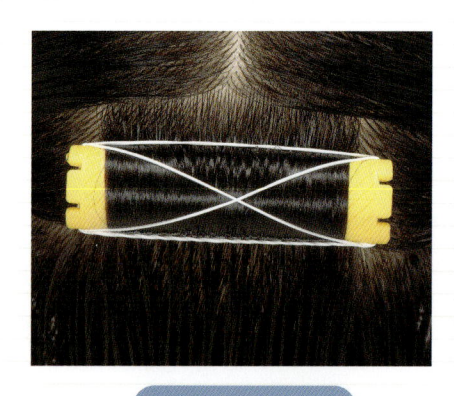

あやがけ

「1回がけ」は文字通りゴムを1回かけるだけ。美容学校のオールパーパス巻きはこれです。スピーディでかんたんですが、根元がしっかりとまらず不安定になります。「クロスがけ」は、「1回がけ」よりも安定しているようですが、根元をゴムで押さえないために、根元がゆるみ、上の写真のようにもっとも下の位置にロッドがきます。逆に言うと、根元を押さえないので、ロッドが自由に動きやすく、根元にクレバス（割れ目）がつきにくいという長所があります。ロングロッドで根元をあけて、ロッドをぶら下げるような場合には適していると言えるでしょう。ここでマスターしてほしいのは「あやがけ」。ロッドを思った位置にしっかりとめることができ、安定感があるからです

20 BASIC PERM

あやがけ

この本では、ゴムかけはすべて「あやがけ」で行っています。左のページで紹介したように、根元に押さえがきいて、思った位置でロッドをとめることができるからです。あやがけの正しいやり方を、指の動きを中心にしながら見ていきましょう

① 巻き終わりのロッドを（中指で下から支えながら）親指と人差し指でしっかり持ち

② ゴムを薬指（あるいは小指）にひっかけ

③ ロッドをしっかり持ったまま、ゴムの上側を弧を描くように強く引っ張り

④ ロッドの上側のツメに引っかけて、さらにロッドの対面のツメに引っかけ、

⑤ ゴムを引っ張った手でロッドをしっかり持ち替えます（中指で下から支え、親指と人差し指で持つ）

⑥ そして、ここからゴムを弧を描くように強く引っ張り、

⑦ ゴムの上側がロッドと平行になるようにゴムをかけ

⑧ ゴムをそろえてロッドの対面のツメにゴムをかけ

⑨ ゴムとロッドを持ち替えます

⑩ （中指で支えて）人差し指と薬指でロッドをしっかり持ち

⑪ ゴムを弧を描くように引っ張り、先ほどと同じツメにゴムを引っかけ

⑫⑬ ロッドの対面のツメにかけて

⑭ 終了です

BASIC PERM 21

たて＆ななめ
vertical & oblique-slice

先に紹介した「よこスライス」は、頭の《上・下の丸み》に沿ってスライスを取り、上下＝たてにブロッキングします。対して「たてスライス」は、頭の《左右の丸み》に沿ってスライスを取り、左右＝よこにブロッキングします。「ななめスライス」はボリュームや質感は「よこ」と「たて」の中間と考えられますが、スライス取りに関しては「たてスライス」と同様です。規則的でまとまった印象になる「よこスライス」平巻きに比べて、この「たて＆ななめスライス」平巻きでは、より動きや立体感のあるデザインが可能になります

22 BASIC PERM

カットベース／ミディアムローレイヤー（P126参照）　　使用ロッド

32mm
29mm
26mm

You can get perm-skill for salon work.
basic winding 2 vertical & obliquel-slice

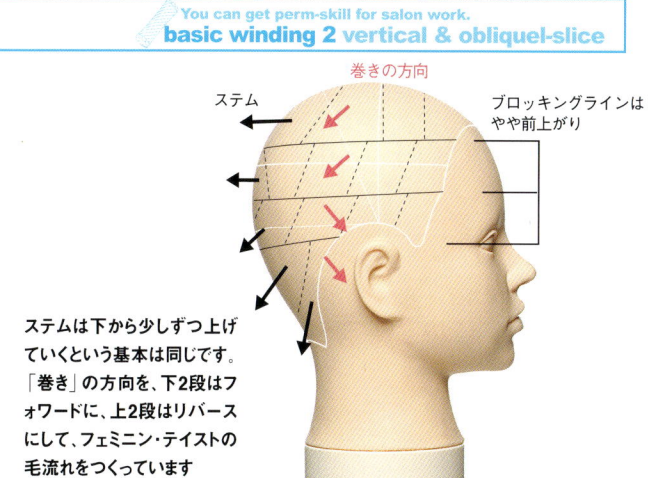

巻きの方向
ステム
ブロッキングラインはやや前上がり

ステムは下から少しずつ上げていくという基本は同じです。「巻き」の方向を、下2段はフォワードに、上2段はリバースにして、フェミニン・テイストの毛流れをつくっています

すべてダウンステムで巻くために、根元にあきができます。特に上2段はボリュームを求めず、方向づけされたウエーブを出すだけなので、根元を巻きません

ウエーブの立体感と方向に注目してください。「たて＆ななめスライス」は左右＝よこでブロッキングするため、フォワード、リバースへの方向性づけが可能になるからです

「よこスライス」の場合（P15）に比べてリッジが出て立体感のあるウエーブができます。フォワード、リバースの方向性に注目しておきましょう

BASIC PERM 23

1段目
フォワード

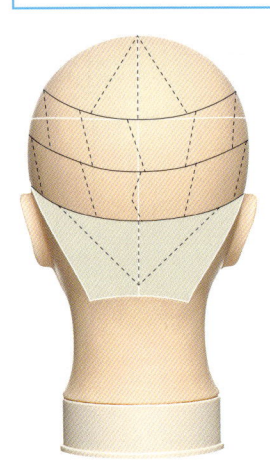

ロッドの高さをそろえます

下の左右のパネルは、スライス線と平行にダウンステムで引き出します。その上のパネルは、下のパネルと同じ引き出しです。4パネルともフォワードに、根元をあけて巻きます。根元のあきの目安は、ロッドの頭がブロッキングの中央にくることです

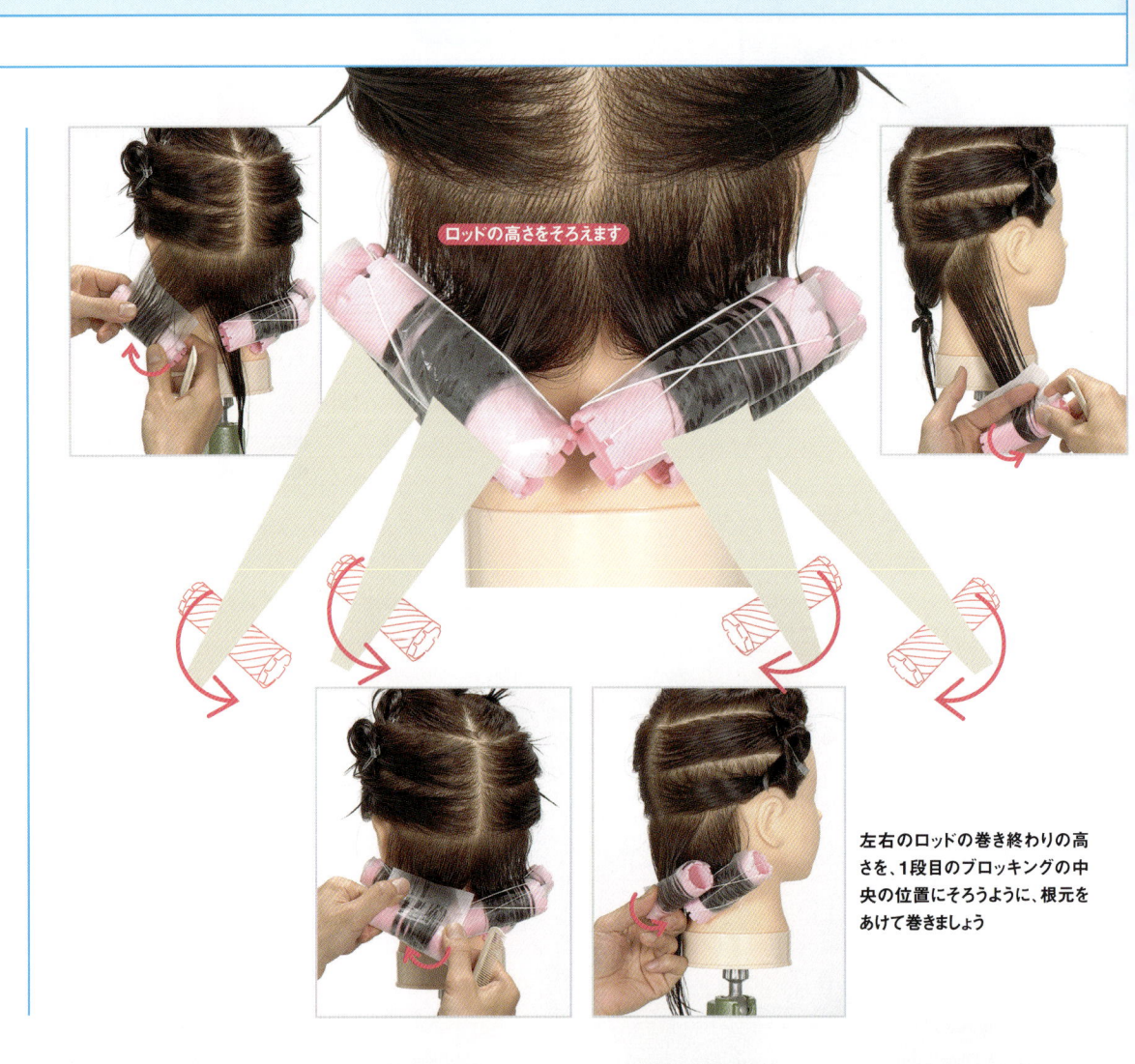

左右のロッドの巻き終わりの高さを、1段目のブロッキングの中央の位置にそろうように、根元をあけて巻きましょう

ネープ1本目の巻きです。ロッドの角度をななめにしただけで、基本的には「よこスライス」平巻きと同じ要領です。毛先をロッドに巻きつけて、コームのテール（尾っぽの部分）でペーパーをロッドにくるみこみ、1回転させたところで（同じステムの延長上で）ロッドを滑らせる感じで引き下げます。これで毛先が折れたり流れたりすることなく、ロッドに巻きつきます（「毛先スリップ」と呼びます）。さらに2枚目のペーパーをおいて、またコームのテールでそがれている毛をくるみこんで、かかりムラがないようにします

24 BASIC PERM

2段目
フォワード

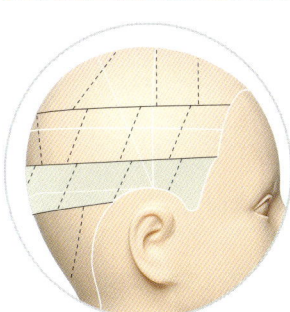

You can get perm-skill for salon work.
basic winding 2 vertical & obliquel-slice

vertical & oblique-slice

1段目よりも少しステムを上げたダウンステムで前方に引き出しながらフォワードに巻きこみます。ウエーブは、フェースライン側が高い位置から、バック側が低い位置からはじまるように、ブロッキングラインをやや前上がりにしています。根元のあき（根元の巻きこまない部分）もそのラインに沿っていきます

やや前上がりのラインにそろえます

3段目
リバース

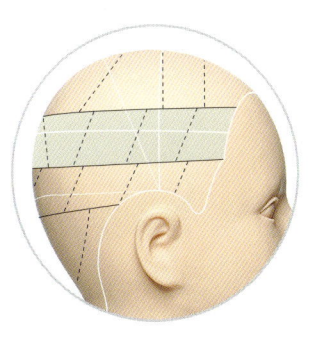

2段目よりもステムを上げて（床に平行近く）ななめのスライスと平行に引き出します。ウエーブをはじめる位置（フェースライン側が高く、バック側が低い）に合わせて、根元にあきを残します。目安は、3段目のブロッキングの中央の位置です。ここからリバースに巻きます

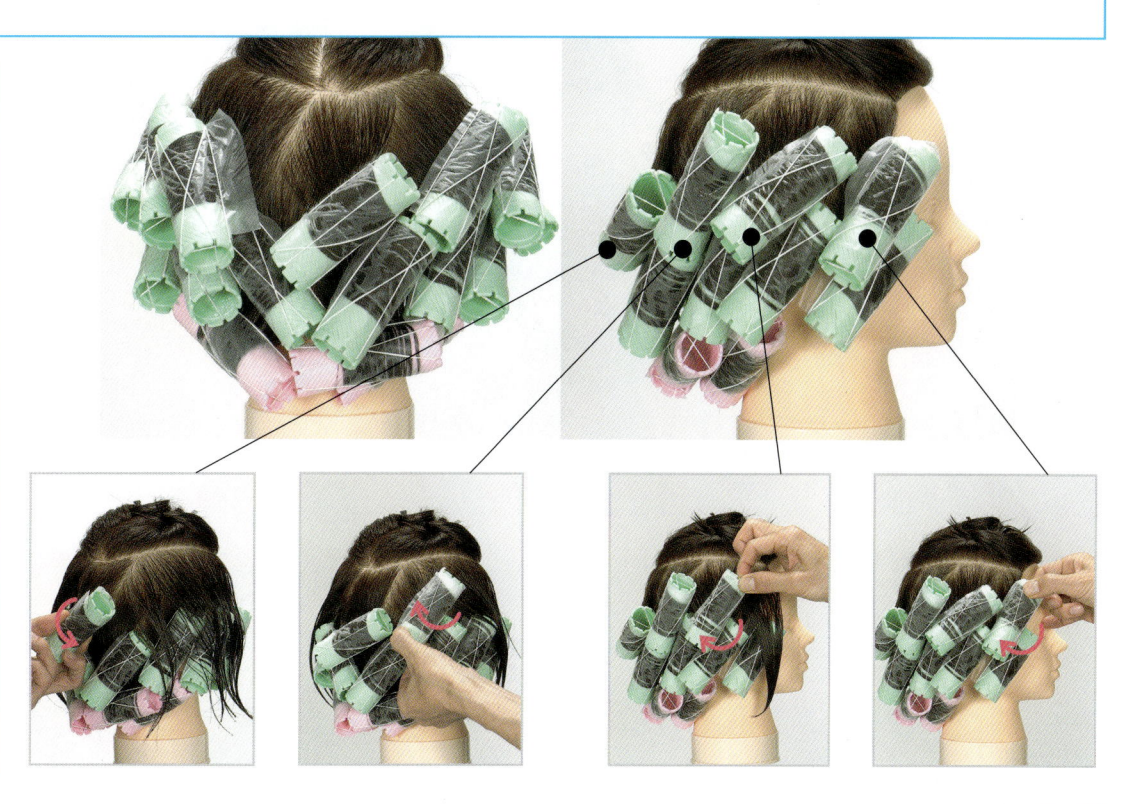

BASIC PERM 25

4段目
リバース

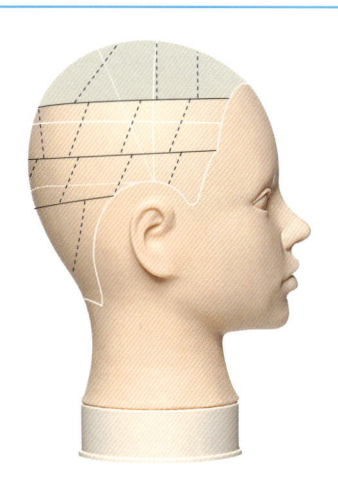

ここから「たてスライス」になります。3段目よりも少しステムを上げて、床に平行に引き出します。巻き方は1〜3段目と同様。4段目のブロッキングの中央にロッドの頭がくるように根元を残します。

スライス線をずらしていることに注意してください。スライス線をずらすことでウエーブがずれて重なり、立体感や動きが出やすくなります。スライス線はきちんと正確にまっすぐである必要はありません。むしろジグザグで、頭の丸みに沿った曲線的な線が適切です

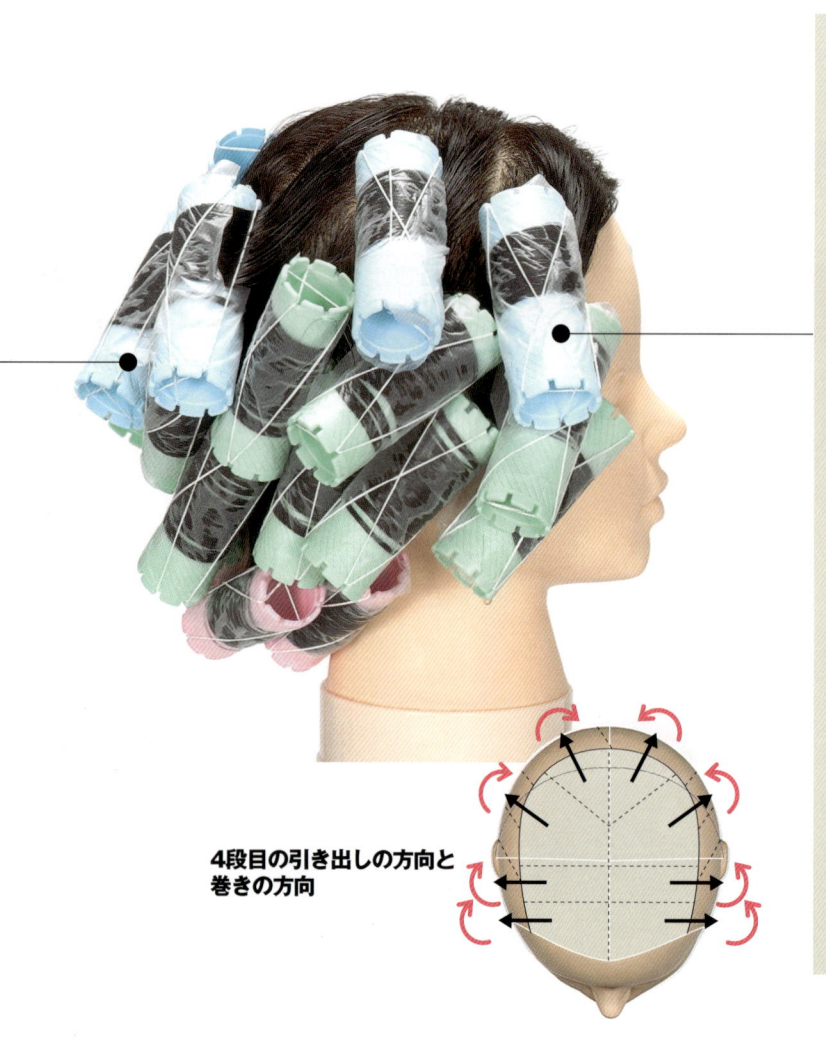

4段目の引き出しの方向と巻きの方向

26 BASIC PERM

たて&ななめスライス
finish

You can get perm-skill for salon work.
basic winding 2 vertical & obliquel-slice

ロッドオン

ロッドオフ

仕上がり

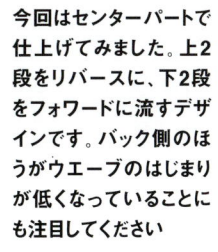

今回はセンターパートで仕上げてみました。上2段をリバースに、下2段をフォワードに流すデザインです。バック側のほうがウエーブのはじまりが低くなっていることにも注目してください

BASIC PERM **27**

スパイラル
spiral

平巻き（毛先巻き）での「よこ」と「たて＆ななめ」のスライスちがいの後は、巻き方を変えてみましょう。基本の「巻き」としてしっかりマスターしておきたいのは、ここで紹介するスパイラル巻きです。毛束を重ねずに"らせん状"にロッドに巻きつけていくために、弾力のあるウエーブをつくり、髪の重なりによって躍動的で立体感のある表情をつくることができます。今回は「たてスライス」で根元から巻きこむスパイラル巻きです

28 BASIC PERM

| カットベース／ミディアムローレイヤー（P126） | 使用ロッド |

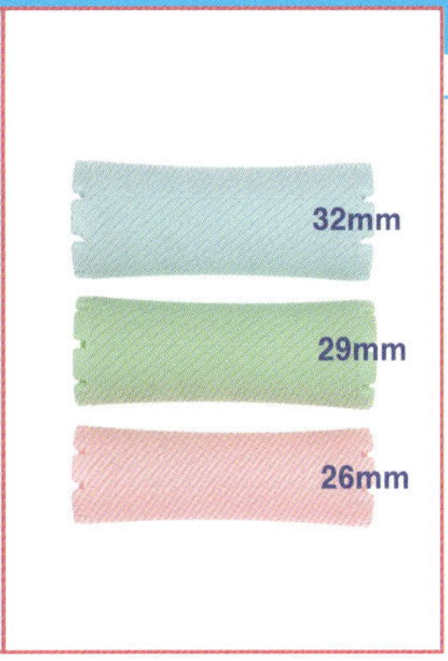

32mm
29mm
26mm

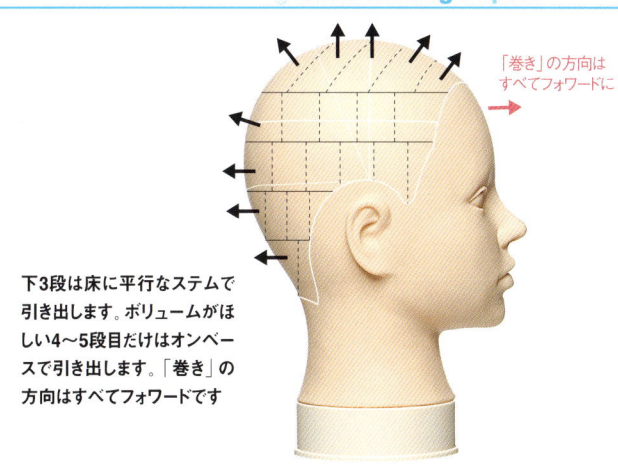

You can get perm-skill for salon work.
basic winding 3 spiral

「巻き」の方向はすべてフォワードに

下3段は床に平行なステムで引き出します。ボリュームがほしい4〜5段目だけはオンベースで引き出します。「巻き」の方向はすべてフォワードです

3〜4段目のロッドは、ウィッグの丸みと、下にあるロッドにかぶさるために、巻きおさまりがななめになります

「よこスライス」や「たて＆ななめスライス」に比べて、全体にうねりと毛先に動きが出て、髪の表情が豊かになっていると感じませんか？　バックの毛先が下に伸びて、シルエットがたてに長くなっていることも特徴です

スパイラル状のパネル同士が、からみ合って下に落ちている、という感じです。ドライになるとこのウェーブのからみ合いが、うねりやボリューム感につながります

BASIC PERM 29

1〜3段目
フォワード

ロッドの高さをそろえます

《1段目》

フォワードに

《2段目》

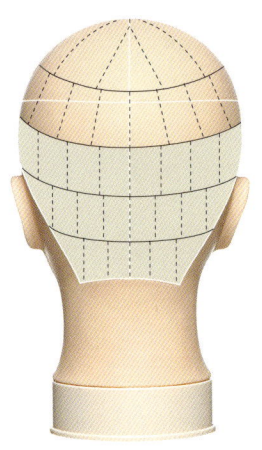

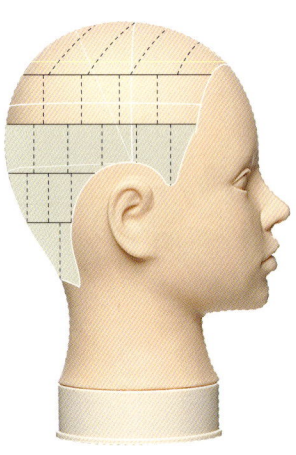

1〜3段目は、たてスライスを床に平行に引き出し、根元からスパイラル状に毛先まで巻きこんでいきます。詳しくは右ページを見てください

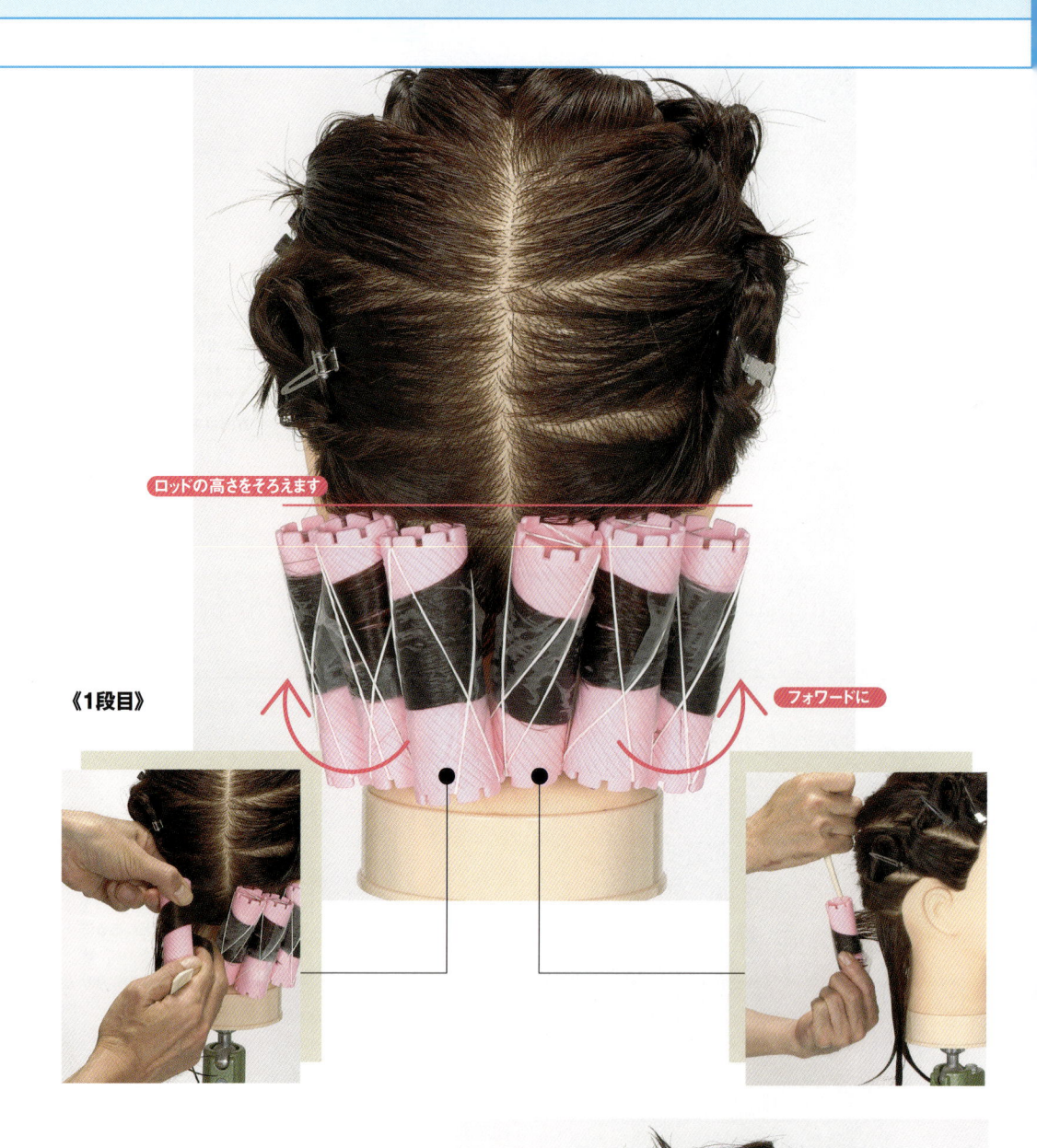

| スパイラル巻き　たてスライスで根元から巻きこんでいくスパイラル巻きです。

spiral

You can have its hair permed for salon.
basic winding 3 spiral

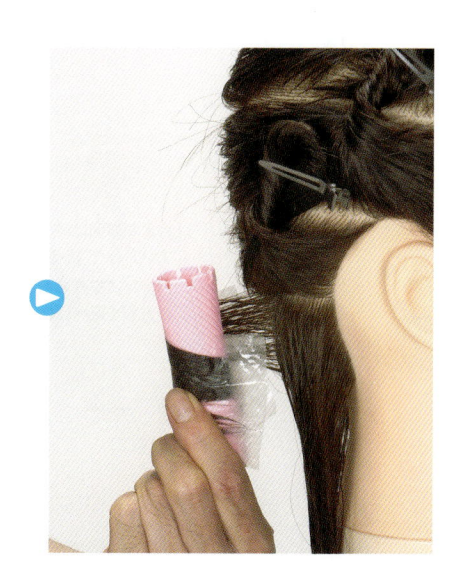

ロッドをしっかり持つ

中指と薬指でパネルをはさみ、そのままツイストさせずに（パネルを板状のまま）指の間をスルーさせながら、ロッドに巻きつけ

親指と人差し指に持ち替えて

毛先まで巻きつける

根元近くにロッドを置き、パネルが重ならないように、巻きつけていきます。ロッドをしっかり持って、毛先まで巻きつけたら、毛先を指で押さえたまま、ペーパーでつつみ、コームのテールでペーパーをくるみこんで、ゴムでとめます

BASIC PERM 31

4〜5段目
フォワード

4段目と5段目はオンベースに引き出して、根元からのスパイラル巻きです。1段目〜3段目と同様に巻きます。すべてフォワードです

《4段目》

《3段目》

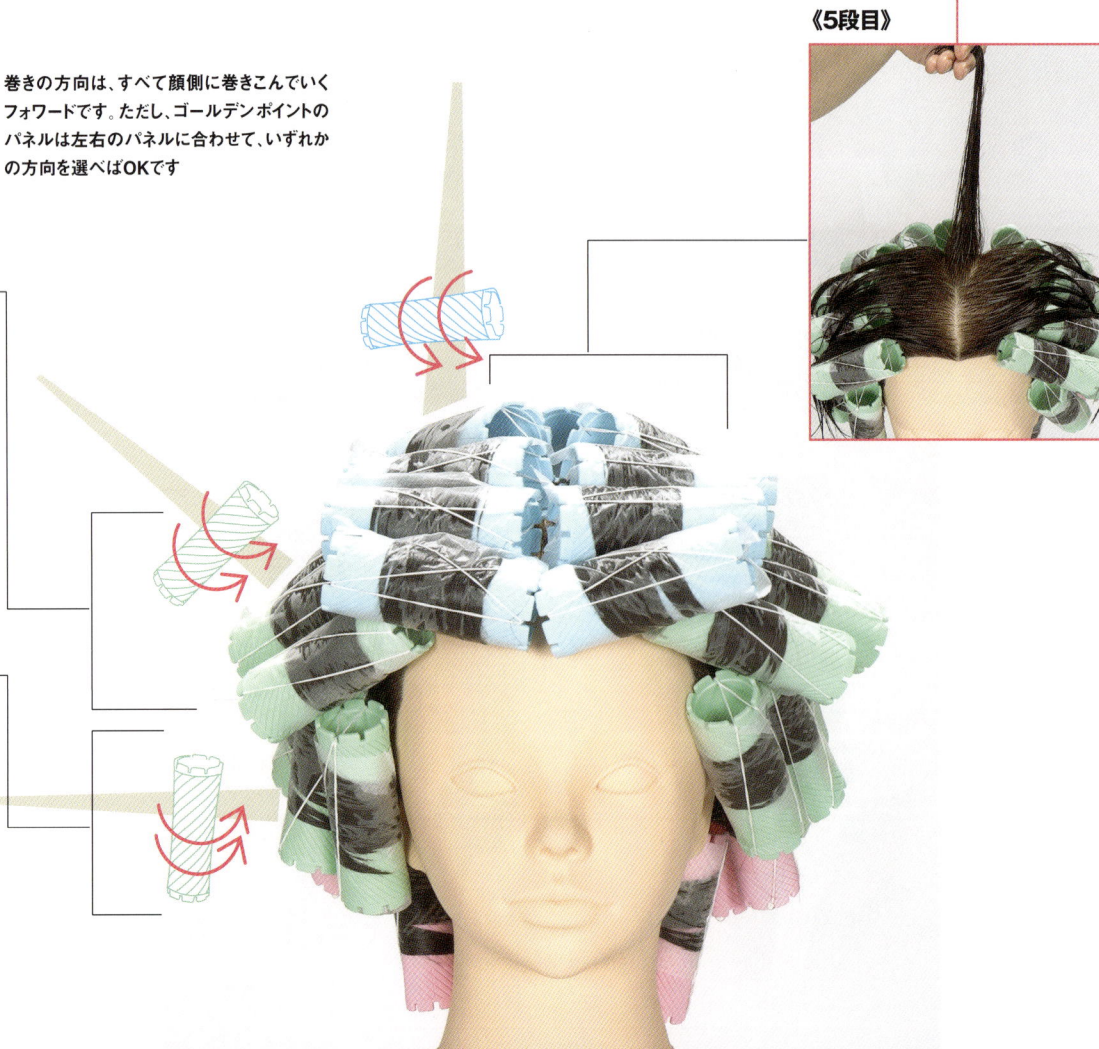

巻きの方向は、すべて顔側に巻きこんでいくフォワードです。ただし、ゴールデンポイントのパネルは左右のパネルに合わせて、いずれかの方向を選べばOKです

《5段目》

32 BASIC PERM

スパイラル
finish

ロッドオン

ロッドオフ

仕上がり

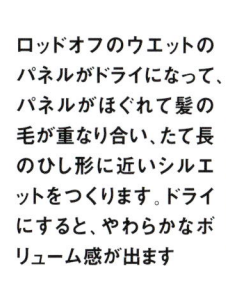

ロッドオフのウエットのパネルがドライになって、パネルがほぐれて髪の毛が重なり合い、たて長のひし形に近いシルエットをつくります。ドライにすると、やわらかなボリューム感が出ます

#1 むずかしい巻き

professional perm technique

カットラインが「ななめ」の場合

サロンワークでもっとも数多く出合う巻きにくい毛束は、このようなレイヤースタイルの「ななめ」のカットラインです。特にトップ周辺のエリアは、フォルムコントロールのための「そぎ」が多く入っているため、短い毛や空間があり、不均一な状態になっています。この毛束をしっかり巻きこむプロのコツがこれです

- そぎが多く、うすく不均一な部分（短い毛がこぼれやすい部分）… ❷
- スライスのなかの短い部分（巻きこみにくい部分）… ❶

❶をしっかり巻きこむ

▶ ロングペーパーで毛先～中間をつつみ、まず（人差し指と中指で）毛束を持ち、中指と薬指でロッドを入れるスペースを確保しながら、スライスを引き出します

▶ 先ほど確保したスペースにロッドを入れて（ななめのカットラインと平行に）1回転巻き込みます。短い部分の❶をしっかり巻きこんだら（写真のA地点がロッドに巻きついたら）、1回転させて、

▶ ロッドを引き上げて毛先をスリップさせて、毛先が折れたり流れたりすることなくロッドにしっかり巻きこむようにします。この際❶の短い部分をしっかりロッドにからませるために、写真の★側を少し強めに引くので、巻きこむロッドの角度が変わります

▶ すばやく1回転させます。❷の不ぞろいな毛先をすばやく巻き込み、毛をこぼさないために、スピーディに巻くことを意識しましょう

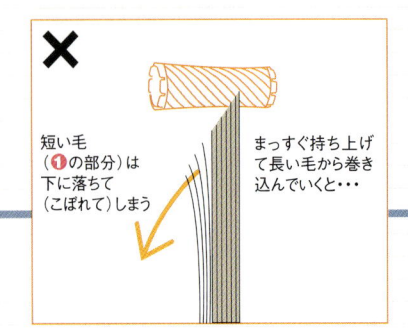

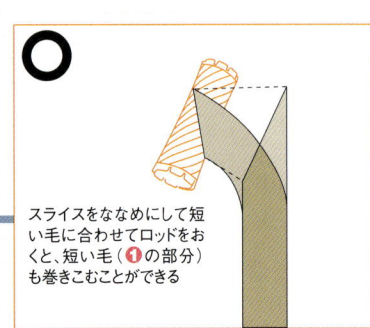

✕ 図A　短い毛（❶の部分）は下に落ちて（こぼれて）しまう／まっすぐ持ち上げて長い毛から巻き込んでいくと…

〇 図B　スライスをななめにして短い毛に合わせてロッドをおくと、短い毛（❶の部分）も巻きこむことができる

BASIC PERM

巻き上がり

❷をしっかり巻きこむ

ベースに巻きおさめていく

❷の部分を巻きこんで、ロッドを引き上げて毛先をスリップさせ、毛先をロッドにしっかり巻きつけます。この際、❷の不ぞろいの毛先をしっかりロッドにからませるために、写真の※側を少し強めに引き、ベースと同じ角度にします

❶と❷の部分がしっかりロッドにからんだところで、巻き込みます。ペーパーがスライスをくるみこむように、コームのテールでペーパーを軽く押しこみ、最後はベースに巻きおさめます

①「レイヤー」による短い毛→②「そぎ」による短い毛
「カットラインがななめのスライス」は、2段階の毛先スリップで巻きこみます

BASIC PERM 35

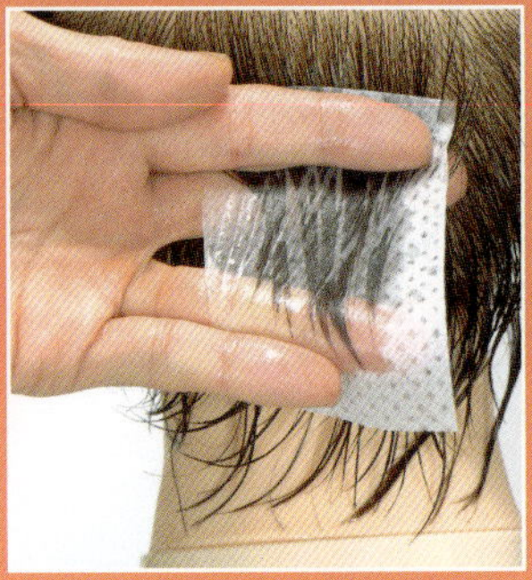

#2 むずかしい巻き

短くそぎが多い場合

短く、そぎがしっかり入ったパネルは、もともと短い上に、そぎによってさらに短い毛がつくられます。そこで、毛がこぼれないような、しっかり巻きつける工夫が必要です。重要なのは、水とペーパーの使い方とゴムどめ。パネルとペーパーに充分に水を含ませて、ロッドにくっつけてペーパーでくるみこみ、しっかり固定‥‥というのが正解です

引き出したパネルに充分に水を吹きかけておき、ペーパーを密着させておきます（ペーパーの上からも水を吹きかけておくといいでしょう）。パネルを人差し指と中指で持ち、薬指を広げて、ロッドを入れるスペースを確保しておきます

① ロッドをななめにして指の間に入れます（指の間には、ロッドを平行にするととても入れづらいからです）

② ロッドを回転させながら、ロッドが平行になるように引き（毛先スリップ）

③ ペーパーでしっかりパネルをつつみこみ

④ 2枚目のペーパーを置き、

⑤ 充分に水を吹きかけて、パネルをつつみこみ

⑥ コームのテールでペーパーの下の端をロッドにからめ

⑦⑧ 短い毛が飛び出さないようにパネルをしっかり押さえ、

⑨ ペーパーでくるみこむようにして、根元まで巻きおさめ

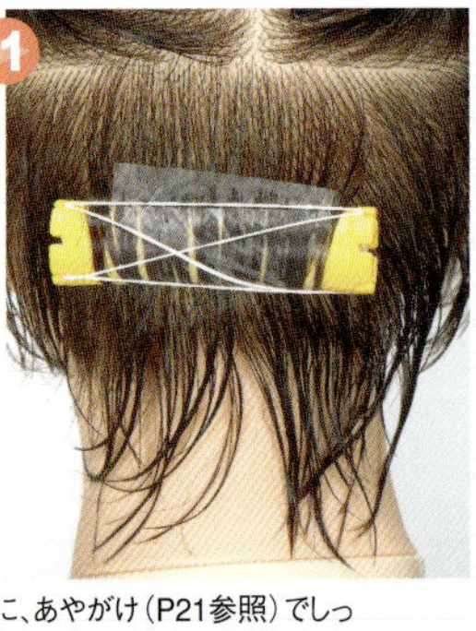

⑩⑪ ゴムをかけます。ロッドがぶれないように、あやがけ（P21参照）でしっかりロッドを固定します

★ このように短くそぎが多いパネルは、ロッドを1回転できません。ペーパーでしっかりくるみこむこと、ロッドをしっかり固定することが大切です

36 BASIC PERM

#3 むずかしい巻き

ネープの逆巻きの場合

左ページの「短くそぎが多い場合」の逆巻きです。同じように重要なのは、水とペーパーの使い方とゴムどめ。パネルとペーパーに充分に水を含ませて、ロッドにくっつけてペーパーでくるみこみ、しっかり固定・・・です。主にロッドやパネルを持つ手（ここでは左手）の指使いに注意していきましょう

① 毛先近くにロッドを置き

② 充分に水を吹きかけて、ロッドを回転させ

③ コームのテールでペーパーの上の端をロッドにかませて

④ ロッドをそのまま下に引き、毛先をスリップさせます

毛先スリップ

⑤ 1枚目のペーパーが巻き終わりそうになったら

⑥ 2枚目のペーパーを置き、充分に水を吹きかけて

⑦ コームのテールでペーパーをロッドにからませ

⑧ 短い毛が飛び出さないように、2枚目のペーパーでしっかりくるみ、パネルを押さえながらロッドを持ち

⑨⑩ ゴムをかけます。ロッドがぶれないように、あやがけ（P21参照）でしっかりロッドを固定します

BASIC PERM 37

#4 むずかしい巻き　ロングロッドを巻く場合

professional perm technique

デザインによって、レギュラーロッドでは巻ききれないロングヘアがあります。均一なウエーブの「うねり」を感じるロングヘアをつくりたい場合のスパイラルの巻きこみが、その代表です。レギュラーロッドでは、パネルを重ねて巻くか、間隔を小さくしてつめこみすぎになり、均一感が出せません

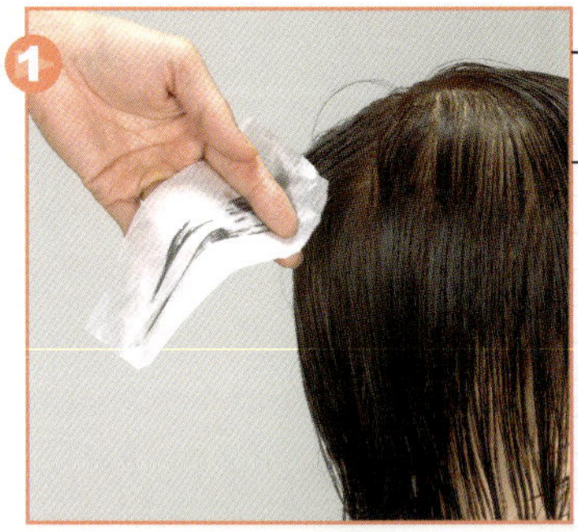

(1) ロングロッドの「毛先からのスパイラル巻き」

毛先から根元まで均一なウエーブを出す目的で、毛先からスパイラルに巻きこんでいきます

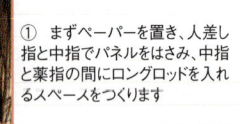

① まずペーパーを置き、人差し指と中指でパネルをはさみ、中指と薬指の間にロングロッドを入れるスペースをつくります

② 中指と薬指の間にロングロッドを入れ（手の小さい人の場合には、ロングロッドをのせる感じ）、ロッドの中間から下の位置で、毛先から巻きこみます

③ はじめにパネルを持った位置まで巻きこみ

④ 持ち替えて、ロングロッドを両手で回転させ

⑤ 根元まで巻きこんだら、ロングロッドがぶれないようにしっかり持ちながらゴムをかけます

⑥ 根元に強い立ち上がりを求めないので、根元部分が自由に動く「クロスがけ」です

(2) ロングロッドの「根元からのスパイラル巻き」

根元～中間には均一なウエーブを出しながら、毛先にはカール感を求めない場合に、根元からのスパイラル巻きを行います。もし、毛先をにがさずに巻くなら、毛先から巻くほうがスピーディです。巻き方そのものは、P28～33で紹介した「スパイラル巻き」と同じです

① 根元に近くにロングロッドをかませ

② 毛先をつまんでロングロッドにスパイラルに巻きつけていきます

③ 毛先をにがして巻きこんだら、ペーパーでつつみ

④ 毛先を指で押さえて根元まで巻きこみ

⑤ ロングロッドをしっかり片手で持って

⑥ ゴムをかけます

⑦ 根元に強い立ち上がりを求めないので、根元部分が自由に動く「クロスがけ」です

練習は進んでいますか？　こんにちは、近藤です。これからも、この本にそって、どんどんパーマを勉強していってほしいと思いますが、ここでちょっとアドバイスを。

　カラーとスタイリングの作業は、お客様と一緒に楽しむ部分があります。「ここ、どうしましょうか」って相談しながら進める部分がありますよね。でも、カットとパーマはちがいます。長さやウエーブのニュアンスを確認することはあっても、切り方や巻き方をお客様に相談することはありません。つまり、パーマはプロとしての責任を持って行うテクニックなんです。硬く言うと、パーマ（ワインディング）は、美容師が身に付けたプロのスキル（テクニック）でお客様の希望やイメージを具現化する作業なんですね。パーマを覚えることは、美容師冥利というか、この仕事の醍醐味を知ることにもつながります。

　パーマが上手な人は、僕の経験では、カットもスタイリングも上手です。これは、まちがいありません。それは、バランスを理解できているからなんです。

　練習でも、サロンでも、いつも仕上がりの形とイメージ（女性像）を意識するようにしてください。イメージを理解できること、「巻き」ができること。この2つをいつも一緒に考えていくとパーマが必ず上達します。そしてヘアスタイルをつくる楽しさを、もっと感じることができると思います。

Shigekazu Kondo

比較　スライス構成

規則的スライス

規則的にスライス線を取って巻いた場合（右の不規則スライスに比べると）、ウエーブがなじみやすく、混ざり合ってフラット気味のシルエットになります。毛先はそれぞれに動きが出て方向にばらつきがありますが、根元〜中間はウエーブがなじんで、波状がそろった印象になります。右と比べると、静的で平面的。「うねり」を感じる仕上がりです。均一なたてウエーブを連続して出す、フラットでうねりのあるウエーブを出す、といった場合に適しています

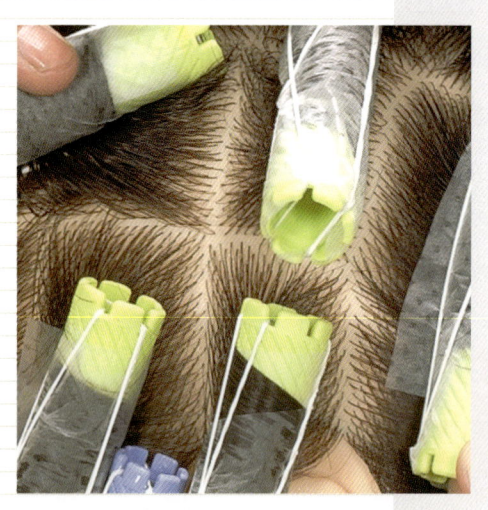

40 BASIC PERM

Let's master perm
technique for salon.

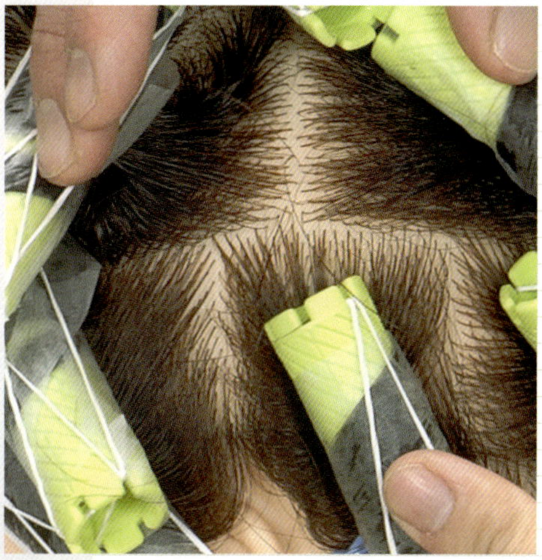

不規則スライス

不規則にずらしたスライス線を取って巻いた場合（左の規則的なスライスに比べて）、ウエーブがなじまず重なり合って、シルエットがふわっとした感じになります。根元、中間、毛先のどの部分でもウエーブがそろわず、毛束同士がぶつかり交差しています。左に比べると、動的で立体的。毛束ごとにまとまった感じ（毛束感）があります。今回はすべてフォワードでしたが、フォワードとリバースを組み合わせるなどで、さらにウエーブがなじまず、より立体感や動きを出すことができます

※サロンワークでは、今回のような大きなずらしよりも、もっと小さなずらしが多く使われます

※通常、こうしたスライスをずらす場合を、レンガ状スライスと呼びます

★左右ともに「たてスライス」ですべてフォワードに、根元からのスパイラル巻き（毛先を少し逃がし気味）です

BASIC PERM 41

| 比較 | ステムの種類と意味 |

センターに立ち上がり
床に垂直にまっすぐパネルを持ち上げて巻くと、センター側にしっかりかかります。このようにセンターパートでは、パート側にボリューム（高さ）がほしい場合に適したステムです

オーバーステム / over stem

全体にボリューム
オンベースで引き出すと、ベースに対して均等にボリュームが出せます。この位置のパネルをオンベースで巻くと、顔まわりにやわらかく丸みのあるボリュームを出すことができます

オンベース / on the base

ふわっとさせたい
ステムを下げると、ベースの下側に比較的強めにかかります。下から持ち上げる力が働き、ふわっとしたシルエットをつくることが可能です。このステムがサロンワークでもっともよく使われます

ダウンステム / down stem

毛先にだけ弾力を
さらにステムを下げると、根元には立ち上がりがなく、ボリュームのない中間〜毛先のウエーブがつくれます。平巻きの場合、毛先に弾力のあるウエーブができます。このステムが、サロンワークではダウンステムの次によく使われます

オン・ザ・スキン / on the skin

42 BASIC PERM

Let's master perm
technique for salon.

立ち上がりを求める

この位置でオーバーステムに巻き、根元に立ち上がりを出すと、よこ広がりのボリュームがつくれます。顔まわりに大きめのボリュームが出せることを理解しておきましょう

オーバーステム / over stem

ふわっとボリューム

立ち上がりながら自然に下に落ちて、ふわっとしたボリュームになります。丸みのあるシルエットを顔まわりにつくることができます

オンベース / on the base

エアリータッチに

このくらいのステムだと、ベースの下側には少し立ち上がりができます。そのためウエーブが少し浮き上がって、軽く揺れるエアリータッチになります。このステムがサロンワークでもっともよく使われます

ダウンステム / down stem

毛先のウエーブを出す

ベースの下側に巻きおさまり、根元にはまったく立ち上がりが出ません。フラットで中間〜毛先のウエーブだけをつくれます。このステムが、サロンワークではダウンステムの次によく使われます

オン・ザ・スキン / on the skin

BASIC PERM 43

ピンパーマ
pin-perm

ロッドを使わないパーマの重要な「巻き」にピンパーマがあります。まず基本としてマスターしてほしいのが、ショートヘアのピンパーマ。やわらかい毛先の動きや表情が特徴です。毛束を丸めてピンでとめる、と単純に考えてはいけません。スライス、ステム、巻きの方向、ループの大きさを変える、あるいは組み合わせることで、デザインに大きな変化をもたらす有効なテクニックです

カットベース／ショートグラレイヤー（P128）　　シングルピン

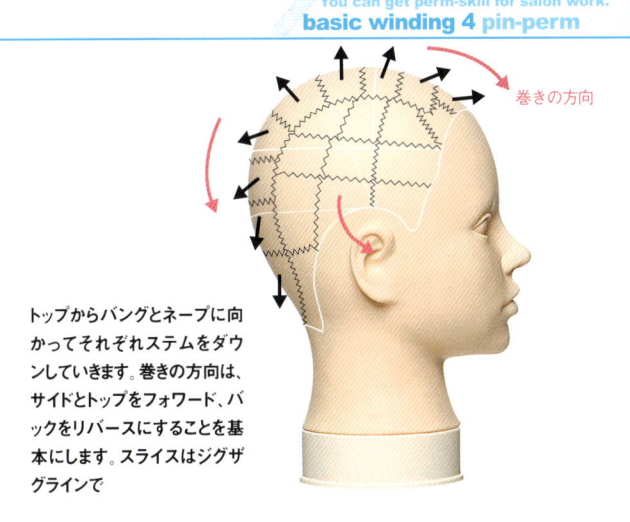

You can get perm-skill for salon work.
basic winding 4 pin-perm

pin-perm

巻きの方向

トップからバングとネープに向かってそれぞれステムをダウンしていきます。巻きの方向は、サイドとトップをフォワード、バックをリバースにすることを基本にします。スライスはジグザグラインで

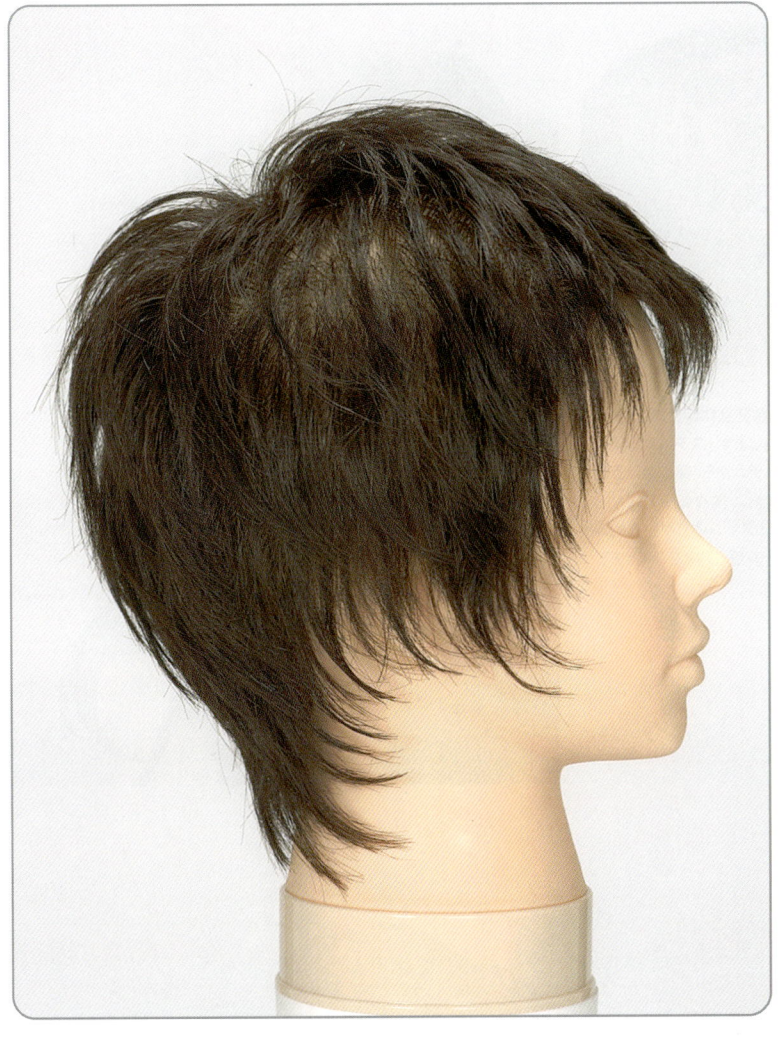

それぞれのパネルごとの立ち上がりの強さと毛先の方向がわかってもらえると思います。このように指先でパネルを自在に扱い、立たせる〜寝かせる、クルンとさせる〜軽い方向づけ、といったピンパーマの使い方でデザイン幅を広げることが可能です

エリアによって毛先の方向が異なること、毛先が集って束でまとまった感じ（毛束感）になっていること、そしてシルエットのやわらかさに注目してください

BASIC PERM 45

ピンパーマ
top~bang

トップにボリュームを出しながら、額にかけるバングにつなげます。バングはボリュームを出さずに毛先に方向性をつけます。地肌に沿ってカールをつくるのは、ピンパーマならでは！

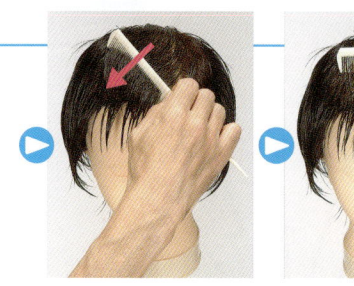

今回はパートをつくらないので、毛流を整えるためにシェーピングしておき、作業をしやすくします。（角度の大きな）ななめ→まっすぐ→（角度の小さな）ななめの順です

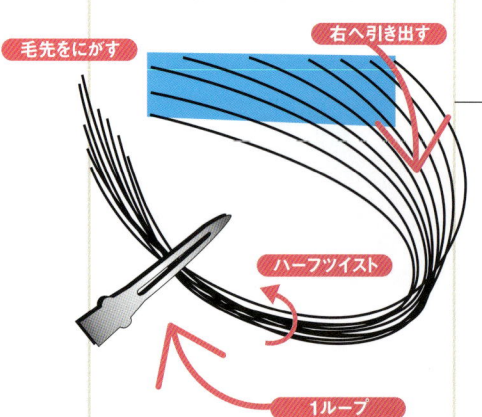

パネルの引き出し方

毛先をにがす／右へ引き出す／ハーフツイスト／1ループ

ベースの右側にパネルを集めながら引き出し、そのままループさせて毛先は逆側（左側）に流していきます。最後はベースの中でピンでとめます。ただし、この部分はハーフツイストしているので、毛先スリップはほんの少しだけにします

毛先の方向は左右交互にして、毛先にランダムな動きを出します。ステムは、床に垂直に引き出すステムから、額にかけるバングにつながるように、徐々に下げていきます。毛先の方向とステムのちがいを組み合わせて、ボリューム感と動きをつくります

bang
オン・ザ・スキンで1ループさせてハーフカールをつくります。ここはツイストさせません

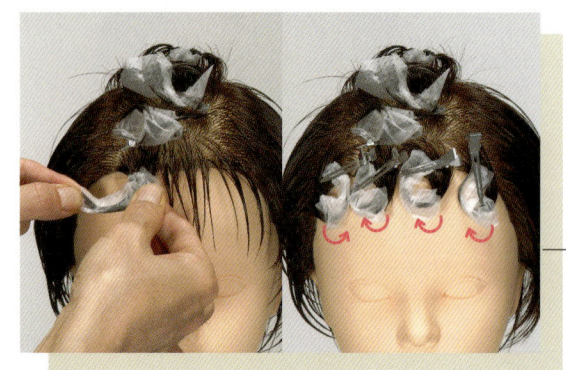

ピンパーマの巻き方
《ハーフツイスト・1ループ》でつくる《スタンドアップ&フラットのハーフカール》

You can get perm-skill for salon work.
basic winding 4 pin-perm

pin-perm

根元に立ち上がり（スタンドアップ）を出し、中間〜毛先には方向性だけ（フラット）を出したハーフカールです。
ピンパーマの毛先スリップは、ペーパーを引っ張りながら毛先を伸ばし、ベースの内側で毛先をピンでとめています。
指の動きに注目してください

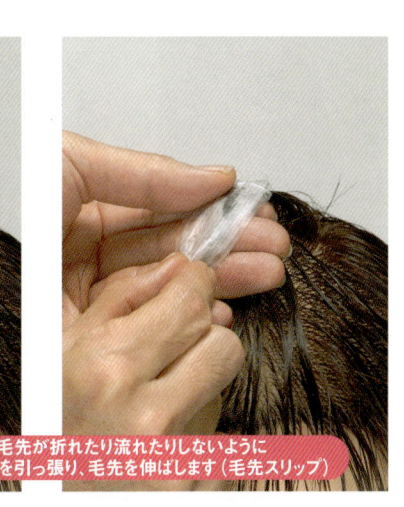

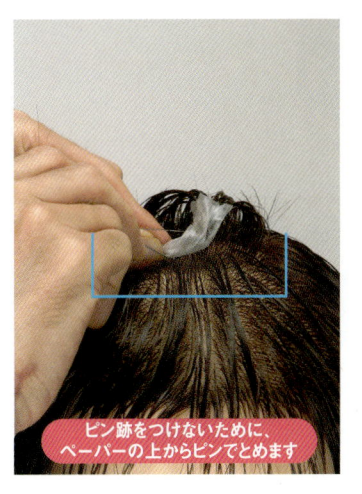

ベースを取り	毛束を集めて		根元を持ちながら毛先をつまみ
ハーフツイストさせながら		ペーパーでつつみ	毛先が折れたり流れたりしないようにペーパーを引っ張り、毛先を伸ばします（毛先スリップ）
ペーパーを引っ張りながらループさせ	毛先を持ち替えて、さらにループさせて毛先を逃がし	ピン跡をつけないために、ペーパーの上からピンでとめます	

BASIC PERM 47

ピンパーマ
side〜back

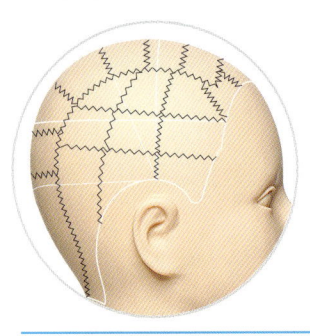

サイドからネープにかけて、カールの大きさを変えていきます。上は1回転ループさせたハーフカール、下は半回転ループさせたクオーターカール（4分の1カール）。トップ下のクラウン部分を除いて、オン・ザ・スキンで地肌に沿わせていきます

ペーパーを引いて毛先スリップ

ピンパーマでも毛先が折れたり流れたりしないように毛先スリップを行い、毛先をつつんでいない「ペーパー部分」をピンでとめます。こうすることで毛先にピン跡がつきません。ただし、前ページのトップ部分はハーフツイストしたために、ツイストを伸ばさないように、ほんの少しの毛先スリップを行いました

1ループ→1/2カール

1/2ループ→1/4カール

サイド上は、リバースとフォワードを交互にして1／2カール（1回転ループ）、サイド下はフォワードに1／4カール（1／2ループ）です

1ループ→1/2カール

1/2ループ→1/4カール

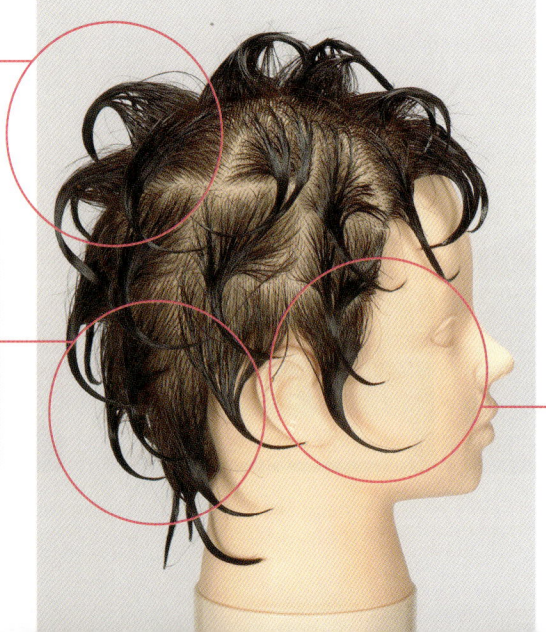

1／2ループ→1／4カール

BASIC PERM

ピンパーマ
nape

地肌に沿った毛先のクォーターカールを出すため、オン・ザ・スキンでハーフループ（半回転）させたピンパーマです。ここでもペーパーを引っ張って毛先をスリップさせ、最後のピンとめはペーパー部分で行います

1／2ループ→1／4カール

finish

You can get perm-skill for salon work.
basic winding 4 pin-perm

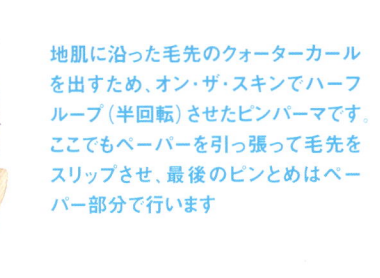

pin-perm

BASIC PERM **49**

Let's try!

A | *feminine & elegant 1*

feminine & elegant 1 variation

feminine & elegant 2

feminine & elegant 2 variation

SALON WINDING-A

You can get perm-skill for salon work.

BASIC PERM 51

パーマテイストの3分類

サロンワークのパーマデザインのテイストは、大きく3つに分類できます。女性らしさや優雅さを意識した「フェミニン&エレガント系」、自分らしさや自然さを意識した「カジュアル&ナチュラル系」、そしてトレンドや個性の主張を意識した「ストリート&モード系」です。それぞれのフォルムや質感、ウエーブの傾向を理解してトライしていきましょう（もちろん、それぞれのテイストには幅があります。また、実際には必ずしも1つのテイストでくくれない場合や、2つのテイストを重ね持った場合などもあります）

カットベース／ミディアムローレイヤー

A feminine & elegant
フェミニン&エレガント系

❶ 毛先1.5回転、フォワードとリバースで2つの方向性をつくる
❷ 表面のハネと首まわりの弾力あるカール感で、動きと華やかさを加えたパーマスタイル

カットベース／ミディアムローレイヤー

B casual & natural
カジュアル&ナチュラル系

❶ うねりのあるウエーブの重なり合いでボリュームを抑えたやさしい印象に
❷ 毛先をハーフツイストさせて自然な動きとやわらかさを出す
❸ 全体にツイストさせたウエーブのランダムな重なり合いが立体感と躍動感を出す

カットベース／ミディアムセイムレイヤー

C street & mode ＋ variation
ストリート&モード系 ＋バリエーション

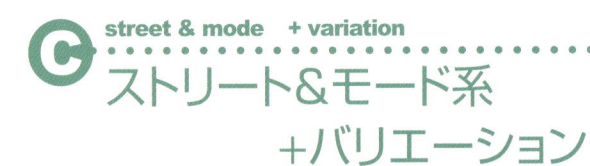

❶ ランダムなウエーブの重なりでラフな丸みと毛先の自由な飛び出しをつくる
❷ やわらかで丸みのあるシルエットに毛先の動きでアクセントを

SALON WINDING

52 BASIC PERM

比較 フェミニン&エレガント系

① P54~

①は上がリバース、下がフォワードのうねるような整った毛流れと、おさまりのいいシルエットが特徴で、女性らしい上品さが感じられます。それに対して②は、ハネた毛先に躍動感があり、シルエットにアクセントが出てカジュアルな印象となり、全体に華やかさが感じられます

You can get perm-skill for salon work.
salon winding A feminine & elegant 2 variation

6段目／スパイラル中間巻き・毛先逃がし

A オンベース

バングに向かってステムを下げながら、スパイラルの中間巻きです。パーマをかけないバング（D）となじむよう、その上のパネル（C）はダウンステムで

5段目／スパイラル中間巻き 毛先逃がし

B 各パネルをオンベースで引き出します。引き出す位置は、それぞれのベースの中央の地点。頭の丸みに合わせて、引き出す位置を移動させていきます

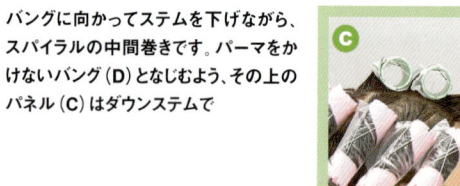

A パネルの中間にロッドを巻きつけ、フォワード方向に毛先をロッドの端に逃がして巻き、根元まで巻きおさめます。ペーパーでくるんで、しっかり巻きこみましょう

ROD-ON , OFF

BASIC PERM 69

巻きのポイント
フェミニン＆エレガント系② バリエーション

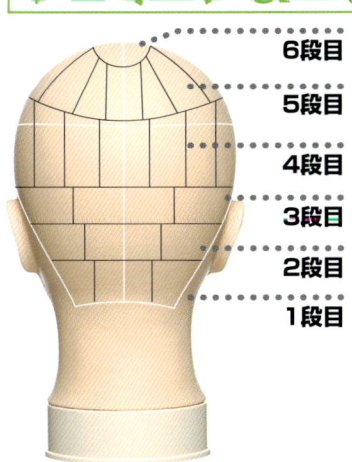

下4段と上2段に分けて構成を考えていきます。下の4段は毛先にハネをつくる逆巻き。上2段は表面のゆるやかなウエーブとボリューム感を出すために、オンベースで中間から巻きはじめて根元まで巻きおさめるスパイラル。ただし、上2段は毛先を逃がしてカール感を出さないこと、4段目のフェースライン側のパネル（もみ上げ部分）はダウンステムの毛先巻きスパイラルです

- 6段目
- 5段目
- 4段目
- 3段目
- 2段目
- 1段目

1段目／逆巻き1.5回転

しっかり指でささえてゴムをかける

ダウンステムでななめに引き出し、逆巻きで1.5回転巻きこみます。ここは特に短く、そぎも入っているので、充分に水で濡らし、ペーパーでしっかりつつんで巻きこんでいきましょう。センターのパネルは真下に引き出してダウンステムに

2〜3段目／逆巻き1.5回転

1段目と同様に逆巻きで毛先を1.5回転巻きこみます。ロッドも1段ずつ大きくして、ステムも少しずつ上げていきます

4段目／逆巻き1.5回転

★ここはダウンステムのスパイラル毛先巻き

フェースライン側のパネルはななめ前方に引き出し、スパイラルで毛先から巻きこみます。他のパネルはベースの中央地点に引き出し、3段目より少しステムを上げて逆巻きで毛先を1.5回転巻きこみます

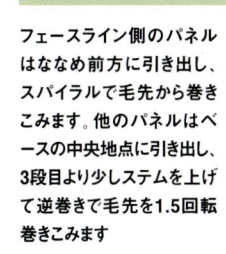

68 BASIC PERM

カットベース／ショートミディアムローレイヤー（P128参照）　　　使用ロッド

You can get perm-skill for salon work.
salon winding A feminine & elegant 2 variation

- 29mm
- 26mm
- 23mm
- 20mm
- 17mm
- 15mm

ROD-ON　　**ROD-OFF**

下4段はペーパーでしっかりくるんで巻きこみましょう。上2段は、表面に強いカールが出ないように、毛先をロッド端まで逃がしています

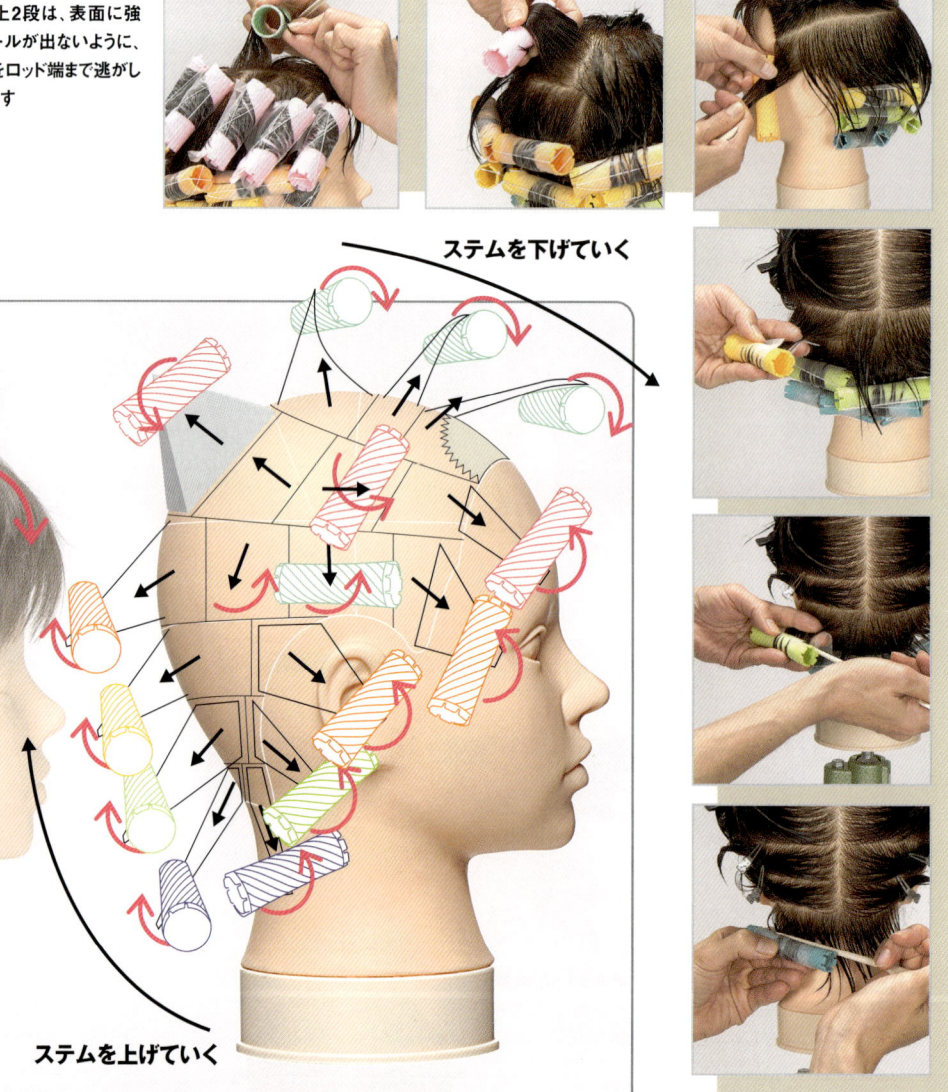

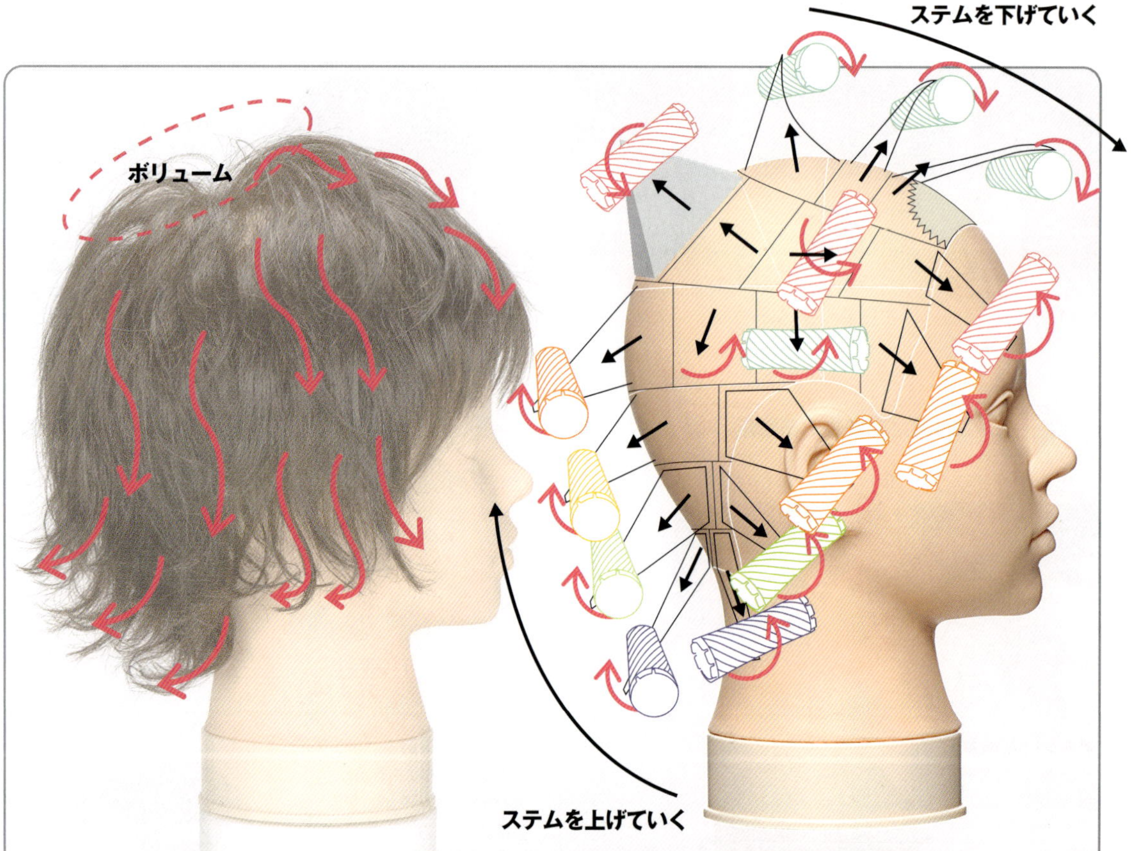

ステムを下げていく

ボリューム

ステムを上げていく

下4段は毛先を1.5回転の逆巻き。髪がふんわりと重なるように、少しずつステムを上げながら巻いていきます。上2段は、中間から巻きはじめて毛先を逃がすスパイラル巻き。ボリュームとゆるやかな動きが出るように、オンベースで根元まで巻きおさめます

BASIC PERM 67

毛先1.5回転に、スパイラル中間巻きの毛先逃がしを組み合わせて、やさしい丸みをつくる
フェミニン&エレガント系②バリエーション

髪に動きや軽さを加えて、「動的」で華やかなフェミニン&エレガントをつくるパーマです。特にショートヘアの年配のお客様の場合には、この変化は非常に有効です。動き(毛先のハネ)→躍動感、軽さ→透明感。毛先はスイングさせる感じをイメージしていくと、このパーマの魅力が理解できると思います。サイド〜バックのヘムラインには、逆巻きで毛先を1.5回転させてつくるはねるカール。トップには中間から巻きはじめるスパイラル巻きで、表面にゆるやかなうねり感のあるウエーブをつくります

You can get perm-skill for salon work.
salon winding A feminine & elegant 2

feminine & elegant 2

5段目

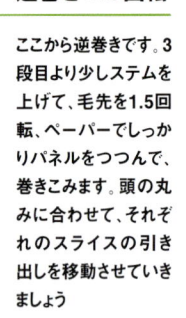

4段目

5段目／逆巻き1.5回転

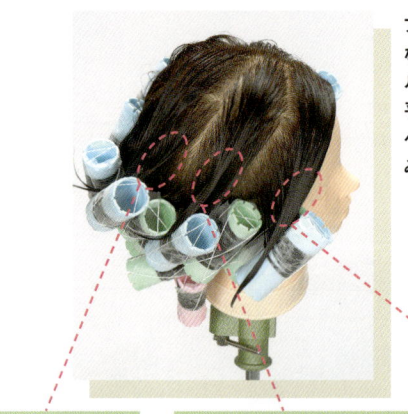

フェースライン側のパネルは、サイドとなじむようにダウンステム。他の2パネルは4段目よりステムを上げます（床に平行近くのステムまで上げます）。すべて毛先を逆巻きで1.5回転、巻きこみます

4段目／逆巻き1.5回転

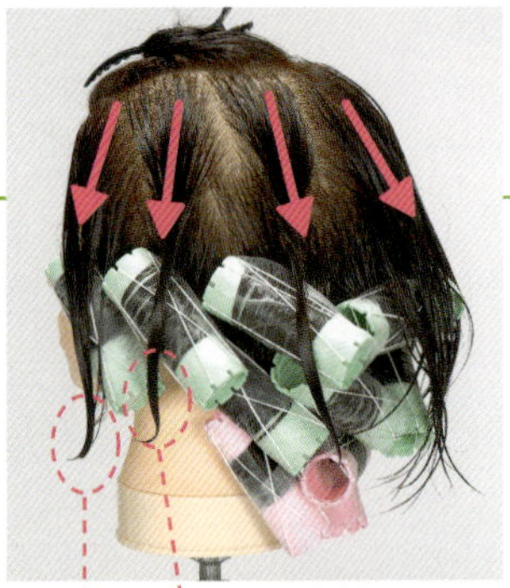

ここから逆巻きです。3段目より少しステムを上げて、毛先を1.5回転、ペーパーでしっかりパネルをつつんで、巻きこみます。頭の丸みに合わせて、それぞれのスライスの引き出しを移動させていきましょう

ROD-ON , OFF

BASIC PERM 65

巻きのポイント
フェミニン＆エレガント系②

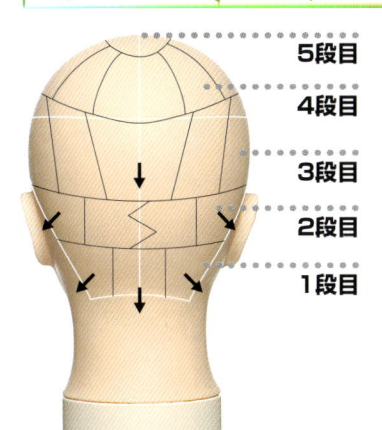

下3段と上2段に分けて構成を考えていきます。下の3段は、「フェミニン＆エレガント系①」（P54－57）と同様に、ダウンステムでななめに引き出してフォワードに。ちがいは毛先を3回転巻きこむことです。2段目のセンターのスライスは、1段目と3段目のパネルとなじむように、ジグザグスライスにします。上の2段は逆巻き。毛先を上向きに1.5回転巻き込みます。ただし、4段目よりも5段目のほうがステムを上げています

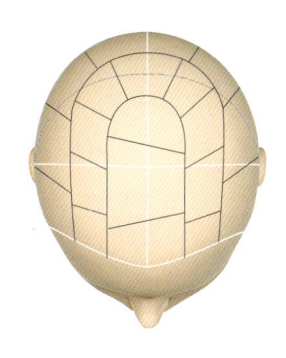

5段目
4段目
3段目
2段目
1段目

1段目／フォワードに3回転

左右のスライスは、ななめに引き出してダウンステムでフォワードに3回転巻き。毛先をきちんと巻きこむスリップや、コームを使ってペーパーでしっかりパネルをつつみます

★センターのパネルはダウンステムで3回転巻きです

2段目／フォワードに3回転

1段目と同様に、左右2本ずつをななめに引き出しダウンステムでフォワードに3回転巻き。ただし、1段目よりややステムを上げます。

3段目／フォワードに3回転

2段目と同様に、左右の各2本はななめに引き出しダウンステムでフォワードに3回転巻き。ただし、2段目よりややステムを上げます。センターのパネルは（2段目よりもステムを上げた）まっすぐダウンステムで

64 BASIC PERM

カットベース／ミディアムローレイヤー（P126参照）　　使用ロッド

32mm
29mm
26mm

ROD-ON　　**ROD-OFF**

上2段と下3段で巻き方がちがいます。逆巻きと毛先巻きのちがいだけでなく、ステムや引き出す方向にも注意していきましょう

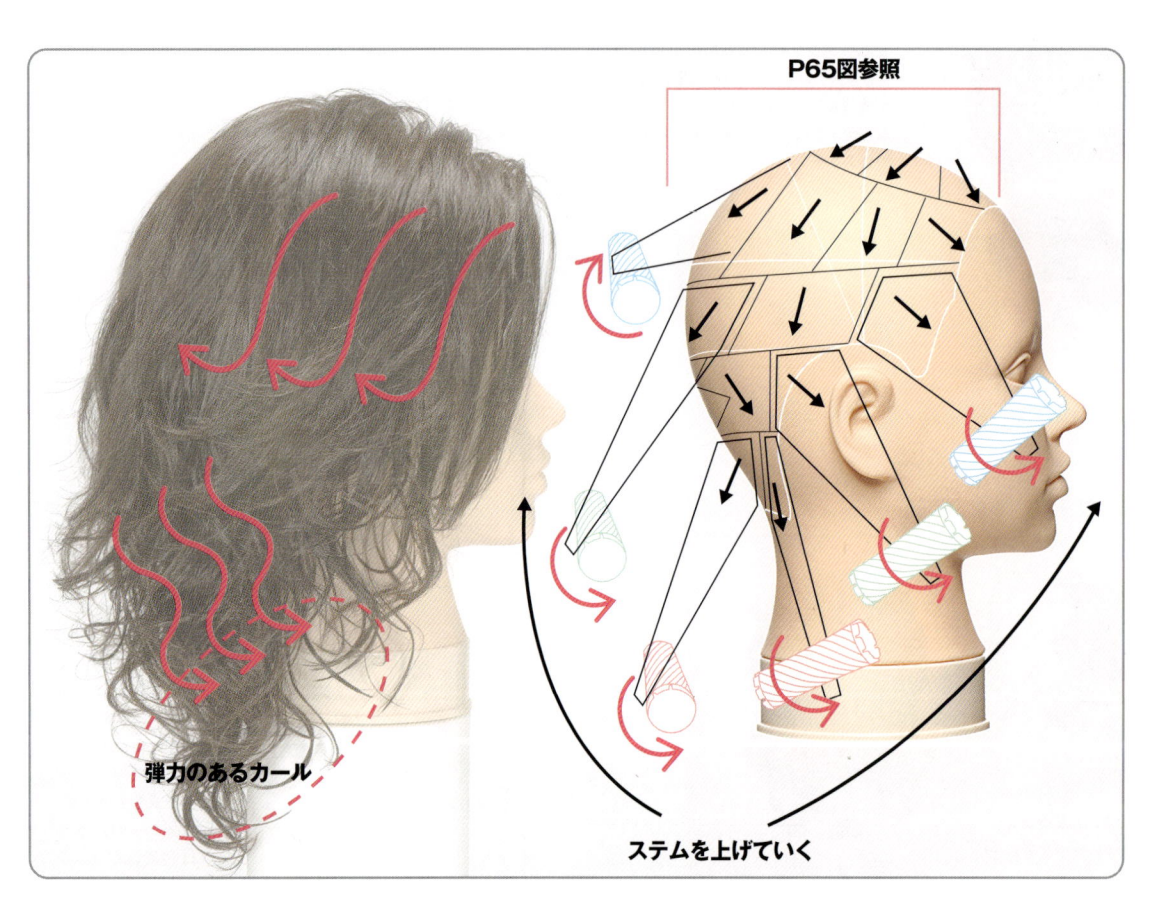

P65図参照

弾力のあるカール

ステムを上げていく

上（トップ）は毛先がハネる、下（サイド～バック）は弾力のあるウエーブが前方に流れる。全体に躍動感や華やかさを感じるパーマデザインです。下（サイド～バック）は「フェミニン＆エレガント①」とスライスも引き出しもステムも同じですが、毛先を3回転巻きこみます（①は毛先1.5回転）。上（トップ）はステムを上げて、毛先1・5回転の逆巻きです。上下のちがいを理解して、巻きを覚えていきましょう

BASIC PERM 63

表面のハネと首まわりの弾力あるカール感で、動きと華やかさを加えたパーマスタイル

フェミニン＆エレガント系②

You can get perm-skill for salon work.
salon winding A feminine & elegant 2

表面には「ハネ感」を出し、首まわりには弾力のあるカールでボリューム感を強調してフェミニン＆エレガント・テイストを出しながら、躍動感や華やかさを加えました（P55-57で紹介した「フェミニン＆エレガント①」と比較するとちがいがよくわかります）。下（サイド〜バック）はダウンステムでフォワードに毛先3回転。上（トップ）は、ややステムを上げて逆巻き毛先1.5回転。毛先のカールの方向と強さをコントロールします。パーマによる髪の動きで、スタイルに大きな変化を与えるフェミニン＆エレガント・テイストの代表的パーマスタイルです

62 BASIC PERM

You can get perm-skill for salon work.
salon winding A feminine & elegant 1 variation

4段目／フォワードに1.5回転

3段目よりも少しステムを上げて、フォワードに1.5回転巻きこみます。引き出す位置は、それぞれのベースの中央の地点です。頭の丸みに合わせて、引き出す位置を移動させていきます

5段目／スパイラル中間巻きで毛先逃がし1.5回転

オンベース近くまでステムを上げる

だんだんステムを下げていく

クラウンのパネルをオンベース近くまで引き出し、フェースライン側のパネルがダウンステムになるように、ステムを下げていきます。スパイラルで中間から巻きはじめ、毛先をロッドの端に逃がして、フォワードに1.5回転巻きこみます。

6段目／スパイラル中間巻きで毛先逃がし1.5回転

オンベースで引き出す

トップはオンベースに引き出し、フェースライン側は床に平行近くに引き出します。中間からスパイラルで巻きはじめ、毛先をロッドの端に逃がして、1.5回転巻きこみます。向かって左側に毛先を流す場合は、写真のように左に毛先を逃がします。

ROD-ON , OFF

BASIC PERM 61

巻きのポイント
フェミニン&エレガント系① バリエーション

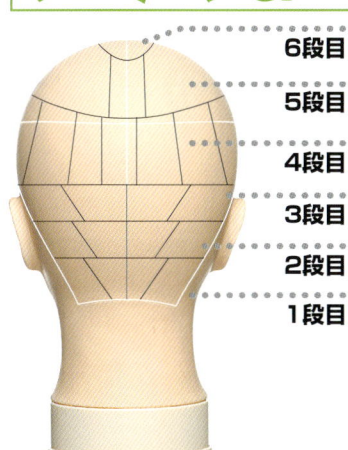

6段目
5段目
4段目
3段目
2段目
1段目

下3段はダウンステムでななめに引き出し、1段ごとにステムとロッドを上げながら、フォワードに1.5回転巻きこみます。特に1段目は短い毛なので、巻きこみに注意しましょう（P36参照）。4段目は、3段目よりも少しステムを上げますが、頭の丸みに合わせて、それぞれのベースの中央の地点に引き出してフォワードに1.5回転巻きこみます。5〜6段目は、後ろをオンベースに引き上げ、フェースライン側にいくにしたがってステムを下げて、スパイラルの中間巻きで毛先を逃がしならフォワードに1.5回転巻きこみます。

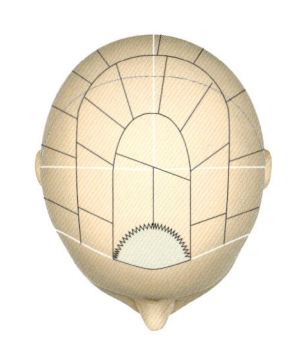

1段目／フォワードに1.5回転

ダウンステムでななめに引き出し、フォワードに1.5回転巻きこみます。ここは特に短く、そぎも入っているので、パネルを充分に水で濡らし、ペーパーでしっかりつつんで巻きこんでいきましょう。

2段目／フォワードに1.5回転

ステムを上げる

1段目よりも少しステムを上げて、同様にフォワードに1.5回転巻きこみます。ロッドも1段大きいものを使用します

3段目／フォワードに1.5回転

毛先スリップ

さらにステムを上げる

2段目よりも少しステムを上げて、同様にフォワードに1.5回転巻きこみます。ロッドも1段大きいものを使用します

60 BASIC PERM

カットベース／ショートミディアムローレイヤー（P128参照）	使用ロッド
	 32mm
	29mm
	26mm
	20mm
	17mm
	15mm

You can get perm-skill for salon work.
salon winding A feminine & elegant 1 variation

ROD-ON **ROD-OFF**

下4段は毛先をペーパーでしっかりくるんで毛先から巻きこみます。上2段は中間からのスパイラル巻きですが、毛先をスパイラルに巻きこまずに、ロッド端まで逃がしています

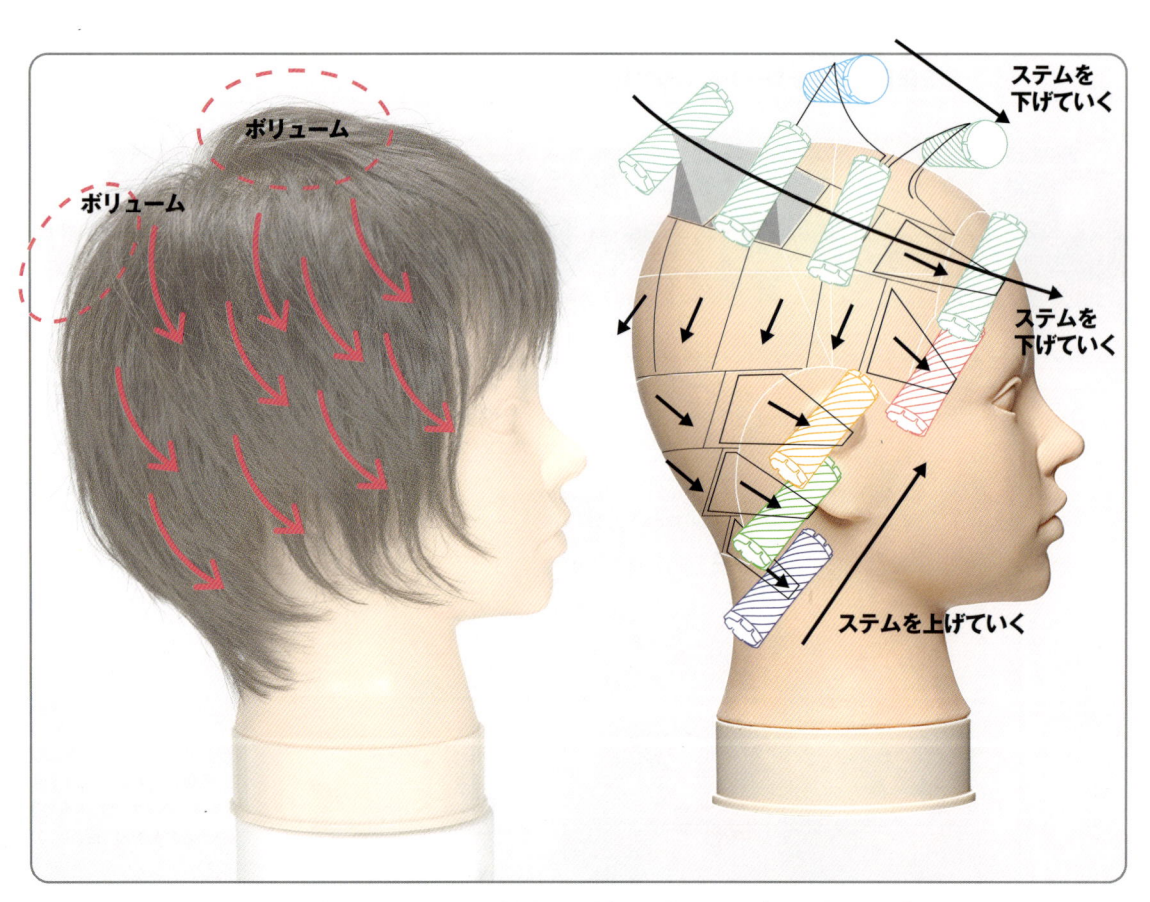

ボリューム
ボリューム

ステムを下げていく
ステムを下げていく
ステムを上げていく

下4段はななめに引き出し、毛先を1.5回転（短かい部分は1回転）させますが、少しずつステムを上げていきます。こうすることで、髪が自然にふわっと重なり、やわらかさが出せます。上2段はスパイラルの中間巻き（中間から巻きはじめる）で毛先を巻きこまずに、少し逃がして1回転〜1.5回転、フェースライン側にいくほどステムを下げていきます

BASIC PERM 59

feminine & elegant 1 variation

毛先1.5回転に、スパイラル中間巻きの毛先逃がしを組み合わせて、やさしい丸みをつくる

フェミニン＆エレガント系① バリエーション

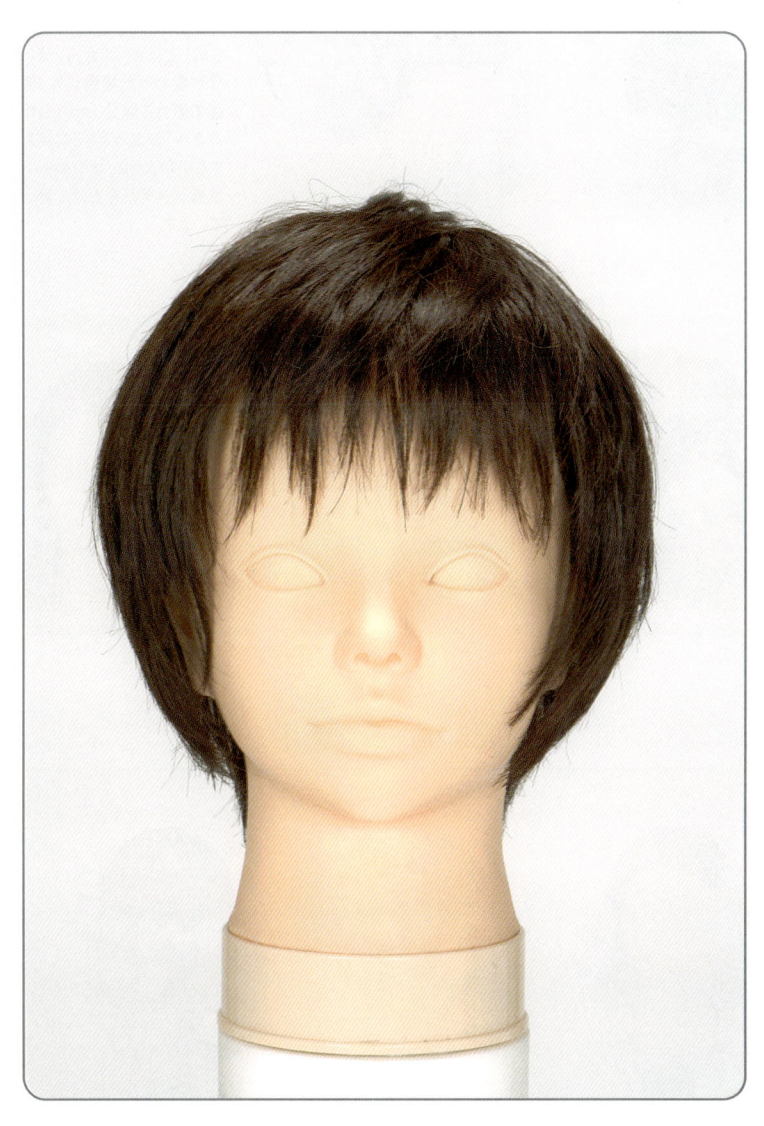

「フェミニン＆エレガント・テイスト①」のショートバージョンです。前方に向かうゆるやかな毛流れと、トップ〜クラウンにボリュームをつくり、全体にふわっとした丸みがある、やわらかい印象に仕上げます。特に、首周り〜フェースラインをつつみこむ毛先のカールと方向性が「フェミニン＆エレガント・テイスト」の特徴です。短い髪なので、ネープからトップにかけてロッドを1段ずつ上げていくことと、ステムを少しずつ上げていくことが、このデザインの巻きのポイントです。

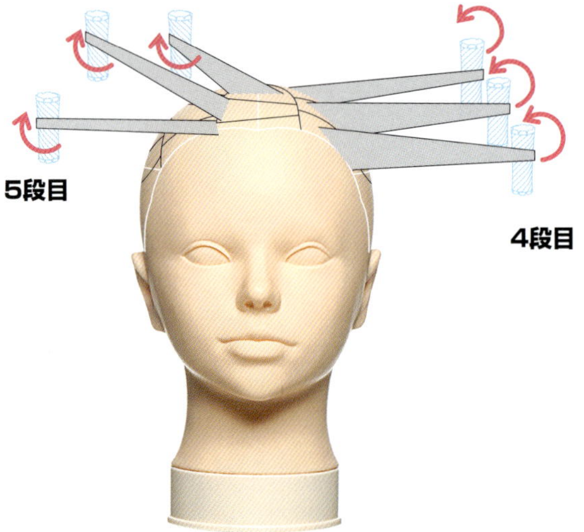

You can get perm-skill for salon work.
salon winding A feminine & elegant 1

5段目

4段目

5段目／リバースに1.5回転

前と後ろのパネルは床と平行に引き出して毛先1.5回転ですが、中央のパネルだけはオンベース近くまでステムを上げます。分け目はいつも同じとは限りません。分け目が変わった場合にも、表面で流れる部分（＝中央のパネル）が左右どちらに流れてもいいように、オンベース気味にステムを上げて巻いています

オンベース気味にステムアップ

4段目／リバースに1.5回転

‖‖‖‖ ROD-ON , OFF ‖‖‖‖

ここからリバースに1.5回転です。引き出しは床に平行に。基本どおり、毛先をきちんと巻きこむスリップや、コームを使ってペーパーでしっかりパネルをつつみましょう

BASIC PERM 57

巻きのポイント
フェミニン&エレガント系①

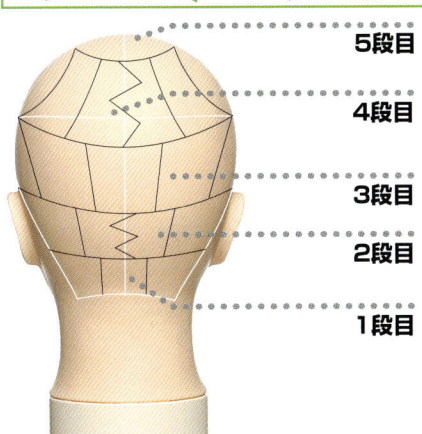

- 5段目
- 4段目
- 3段目
- 2段目
- 1段目

下3段と上2段に分けて構成を考えていきます。下3段は、やや前上がりのラインでブロッキングし、ななめに引き出してフォワードに。上2段は、オンベースに引き出してリバースに。下3段のカールが首をつつむ感じでフォワードに流れ、上2段のカールがバックに向かってリバースに流れていきます。センターのパネルが上下でなじむように2段目と4段目はジグザグスライスにします。すべて、毛先1.5回転巻きです

3段目／フォワードに1.5回転

スライスの確認です。丸みに合わせてダウンステムで引き出していきましょう

1段目／フォワードに1.5回転

左右のスライスは、ななめ45度に引き出してダウンステムでフォワードに1.5回転巻き。毛先をきちんと巻きこむスリップや、コームを使ってペーパーでしっかりパネルをつつみます

★センターのパネルはダウンステムで1.5回転巻きです

2段目／フォワードに1.5回転

左右2スライスずつをななめ前方に引き出して、1段目と同様に毛先をフォワードに1.5回転巻きです。センターのパネルは、1段目のカールとなじむようにジグザグでとります

フェースラン側のパネルは前方に引き出し、フォワードに1.5回転。中央のパネルはダウンステムで1.5回転巻きです

56 BASIC PERM

カットベース／ミディアムローレイヤー（P126参照）　　使用ロッド

32mm
29mm
26mm

ROD-ON 　　ROD-OFF

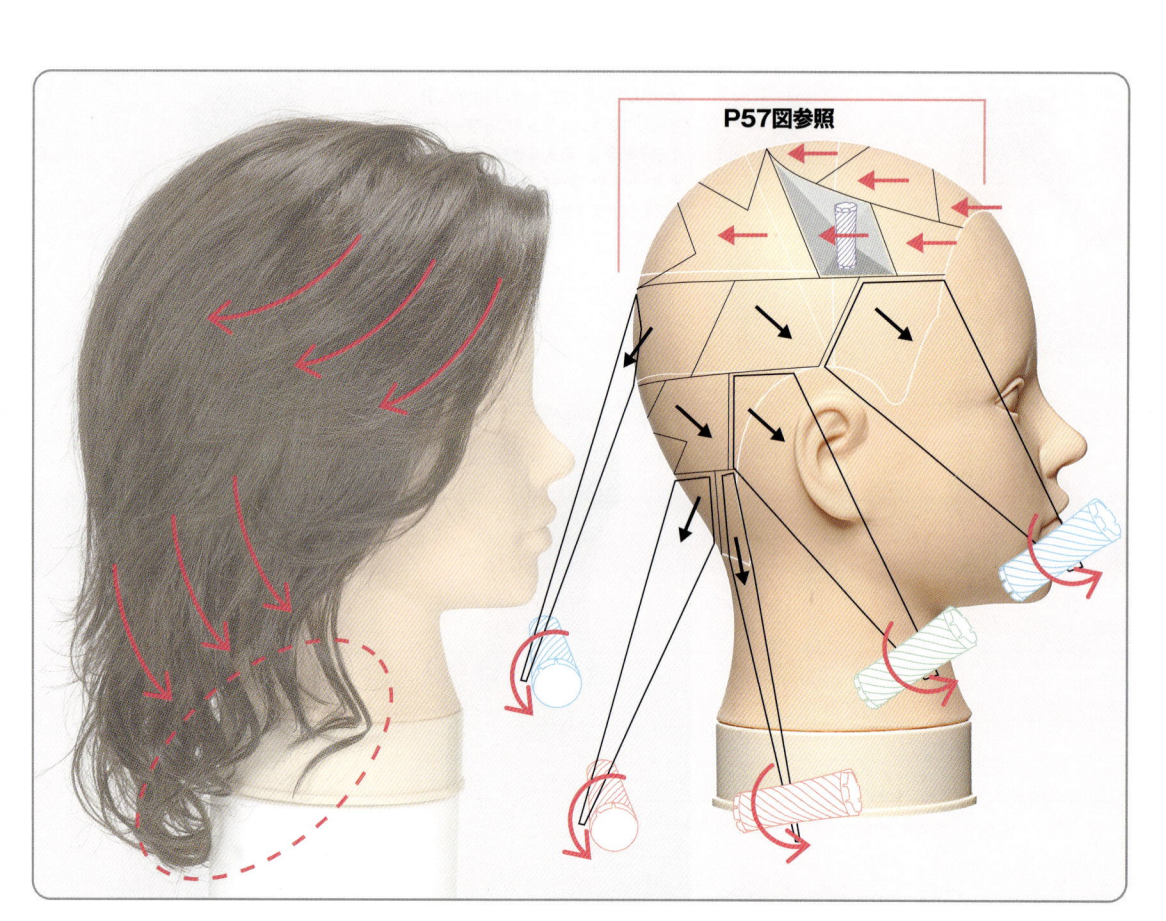

P57図参照

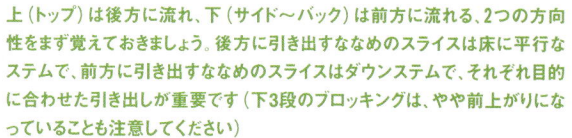

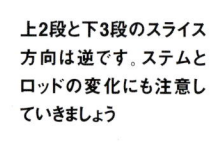

上（トップ）は後方に流れ、下（サイド～バック）は前方に流れる、2つの方向性をまず覚えておきましょう。後方に引き出すななめのスライスは床に平行なステムで、前方に引き出すななめのスライスはダウンステムで、それぞれ目的に合わせた引き出しが重要です（下3段のブロッキングは、やや前上がりになっていることも注意してください）

上2段と下3段のスライス方向は逆です。ステムとロッドの変化にも注意していきましょう

BASIC PERM 55

毛先1.5回転、フォワードとリバースで2つの方向性をつくる

フェミニン＆エレガント系①

salon winding A feminine & elegant 1

顔まわりのふわっとした方向性のあるボリューム感と、首まわりをつつむ感じの弾力のある毛先のカール感。これがフェミニン＆エレガント・テイストの最大の特徴です。全体に毛先を1.5回転、巻きこんでいきますが、上下でステムと巻く方向を逆にすることが、巻きのポイントです。上のトップは床と平行の引き出しでリバースに、下のサイド～バックはダウンステムでフォワードに。女性らしさを表現するパーマのスタンダードとして、この上下に分けた引き出しと巻きの方向を確実にマスターしていきましょう

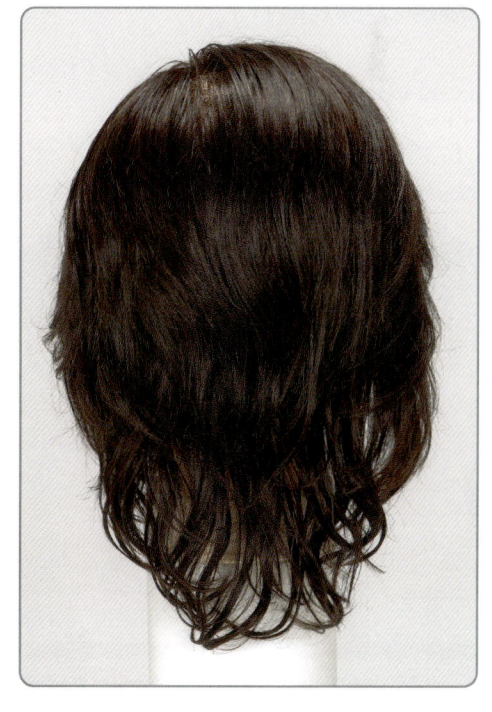

SALON WINDING

A コンサバ系を含みます。オフ・ザ・フェースが多く、根元に立ち上がりを求める場合が多いのが特徴です。ふわっとしたボリュームや、毛流れ（方向性）と毛先カール感・弾力感が非常に大切です

ふわっとカール

B 毛先に強いカール感やボリュームはあまり求めず、フラットで「ゆらぎ」や「うねり」を求める傾向があります。軽いツイストで毛先にランダム感を出すこともあります

フラットにウエーブ

C 全体あるいは部分に、しっかりパーマをかけて、弾力感や強いリッジ、コイル感を出すことが特徴になります。ハードウエーブも含めた、いわゆるウエーブスタイルがこのカテゴリーです

ボリュームのあるウエーブ

---

feminine & elegant variation
フェミニン&エレガント系バリエーション

カットベース／ショートミディアムローレイヤー

① ②

ミディアムローレイヤーのカットベースから長さを変えて、ほぼ同じ巻き方で作ったのがこのバリエーションです。短くなったために、フェミニン&エレガンス系のテイストから、カジュアル&ナチュラル系のテイストに移行し、2つの中間のテイストと考えられます

---

casual & natural variation
カジュアル&ナチュラル系バリエーション

カットベース／ミディアムハイレイヤー

① ② ③

ミディアムローレイヤーのカットベースからレイヤーの幅を変えて、ほぼ同じ巻き方で作ったのがこのバリエーションです。ナチュラル&カジュアル系のテイストから、ストリート&モード系に近づいた印象となります

BASIC PERM 53

You can get perm-skill for salon work.
salon winding A feminine & elegant

2 P62~

SALON WINDING

BASIC PERM 71

比較 フェミニン&エレガント系 バリエーション

① P58〜

①はパーマによってやわらかさが加わり、ゆるやかな毛流れと、おさまりのいいシルエットが特徴になります。きちんとした感じ、清潔な印象です。②は毛先のハネがアクセントとなり、カジュアルで活動的な印象が感じられます

You can get perm-skill for salon work.
salon winding A feminine & elegant variation

② P66~

SALON WINDING

BASIC PERM 73

Keep it up!

B | *casual&natural 1*

casual&natural 1 variation

casual&natural 2

casual&natural 2 variation

casual&natural 3

casual&natural 3 variation

C | *street&mode 1*

street&mode 1 variation

SALON WINDING-B,C

You can get perm-skill for salon work.

BASIC PERM 75

うねりのあるウエーブの重なり合いでボリュームを抑えたやさしい印象に

カジュアル＆ナチュラル系①

You can get perm-skill for salon work.
salon winding B casual & natural 1

カジュアル＆ナチュラル系のなかでも、フェミニン＆エレガント・テイストに近いデザインです（コンサバ系に近いとも言えます）。うねりのあるウエーブが重なり合うことで、やさしい印象を与えます。すべて根元をかけずに残しているので、弾力のあるウエーブが重なってもボリュームはあまり出ません。スパイラルですべてフォワードに方向性をつくります。目尻の位置からウエーブがはじまるように根元を残していきます

BASIC PERM

カットベース／ミディアムローレイヤー（P126参照）	使用ロッド

- 29mm
- 26mm
- 23mm

ROD-ON **ROD-OFF**

すべて根元を残します。ブロッキングごとに根元のあき（＝巻き上がりのロッドの頭の高さ）がそろうように注意しましょう

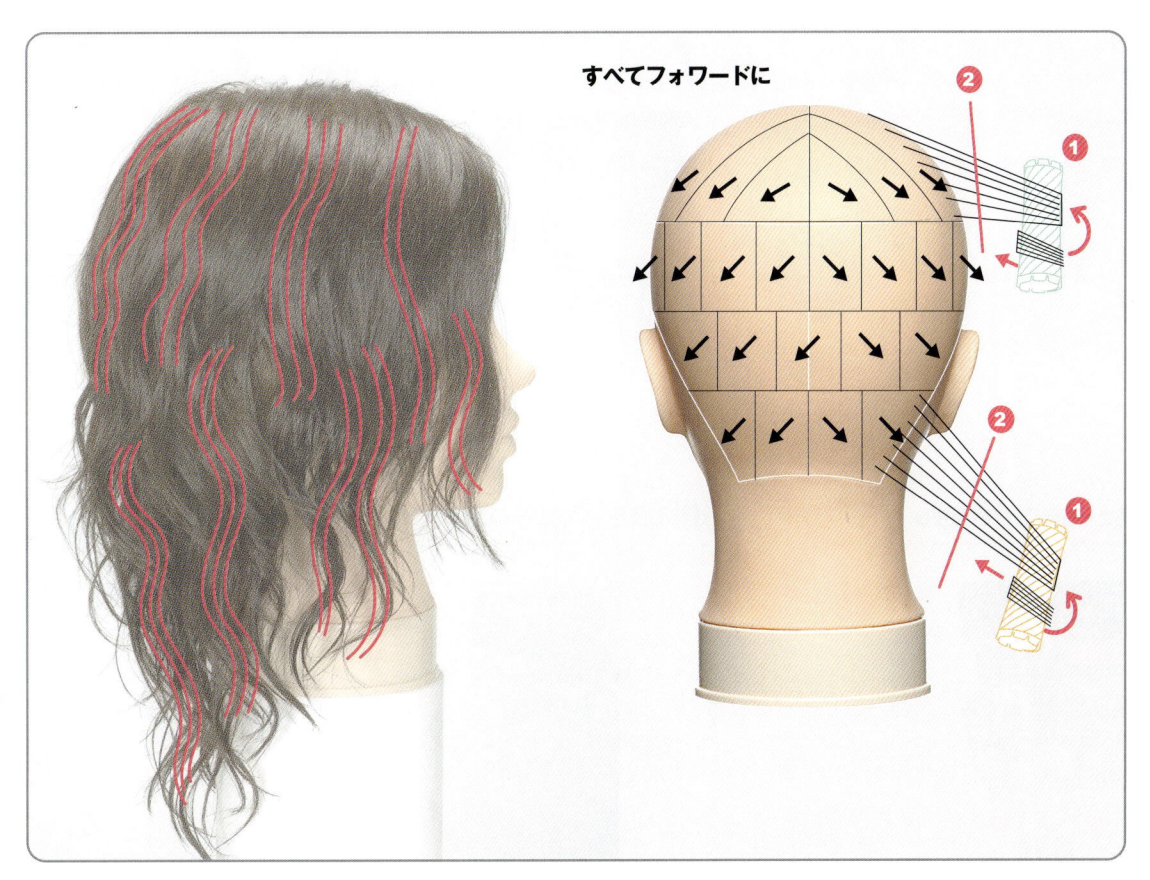

すべてフォワードに

①まず、ななめダウンステムに引き出したパネルの中間からスパイラルで巻きます。②次に、この毛先まで巻きこんだロッドを回転させてゴムでとめます。根元は巻かずに残します

BASIC PERM 77

casual & natural 1

巻きのポイント
カジュアル&ナチュラル系①

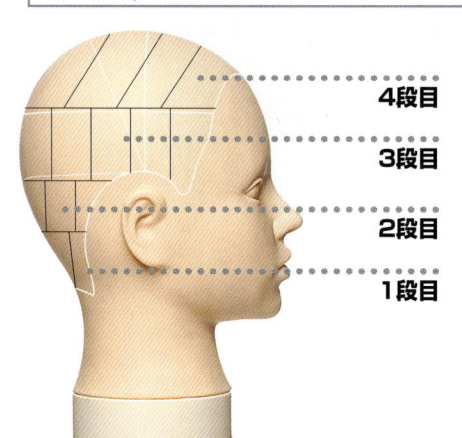

1〜3段目までは「たてスライス」でななめダウンステムに引き出します。4段目は床に平行近くまでステムを上げていきます。すべて、パネルの中間にロッドを置いて、毛先までスパイラル巻きです。毛先のスリップも、コームのテール（尾の部分）を使ってペーパーでつつみこむといった基本動作をしっかり行いましょう。最終的に目のラインからはじまったウエーブが重なり合うように、各段のブロッキングラインの下に、巻き終わりのロッドの頭が来るように、高さをそろえていきましょう

1段目／中間からのスパイラル巻き＋巻きこみ・根元残し

ななめダウンステムに引き出したパネルの中間から、スパイラルで（フォワードに）巻きます。次に、この毛先までをスパイラルに巻きこんだロッドを（フォワードに）回転させて、根元を残します。ブロッキング1段目の下のラインに、ロッドの頭をそろえるのが、根元を残す目安です

高さをそろえる

2段目／中間からのスパイラル巻き＋巻きこみ・根元残し

高さをそろえる

1段目と同様に、ななめに引き出し、中間からスパイラルで毛先を（フォワードに）巻き、そのロッドを（フォワードに）半回転させて、根元を残します。2段目の下のラインにロッドの頭をそろえるのが、根元を残す目安です

3段目／中間からのスパイラル巻き＋巻きこみ・根元残し

高さをそろえる

1段目、2段目と同様に、中間からのスパイラルに半回転で根元を残します

78 BASIC PERM

You can get perm-skill for salon work.
salon winding B casual & natural 1

4～5段目の引き出しと巻きの方向

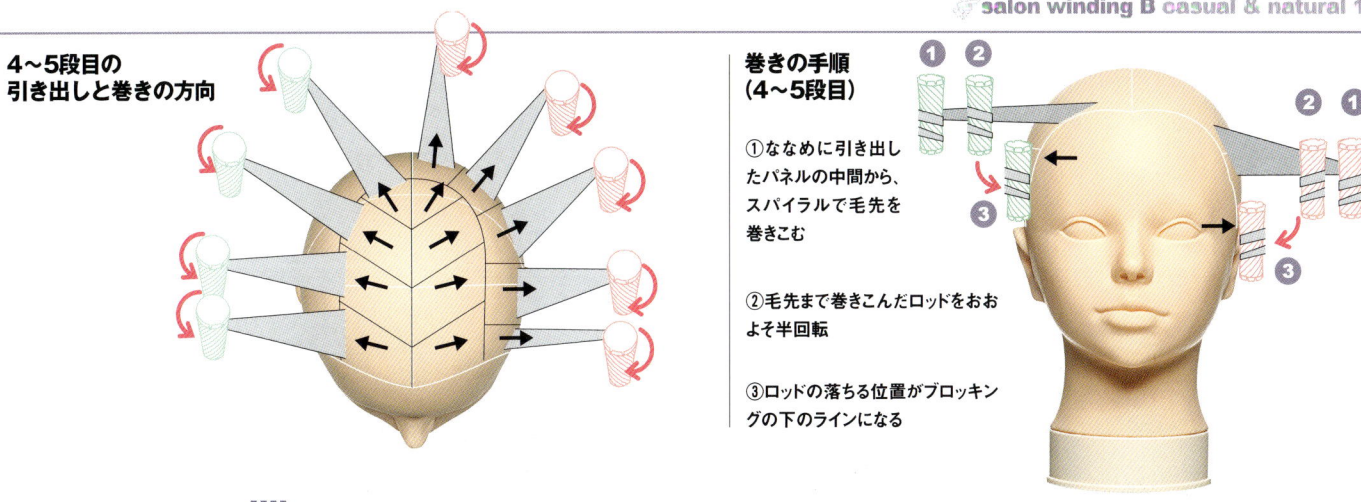

巻きの手順（4～5段目）

①ななめに引き出したパネルの中間から、スパイラルで毛先を巻きこむ

②毛先まで巻きこんだロッドをおおよそ半回転

③ロッドの落ちる位置がブロッキングの下のラインになる

4段目／中間からのスパイラル巻き＋巻きこみ・根元残し

床に平行よりも少しダウンステムで、1～3段目と同様に巻きます。3段目のブロッキングの上あたりから「うねり」がはじまり、3段目のブロッキングの下あたり（＝目尻の位置）から「ウエーブ」がはじまる目安で巻いていきましょう

根元を残す目安（巻きおさめの目安）

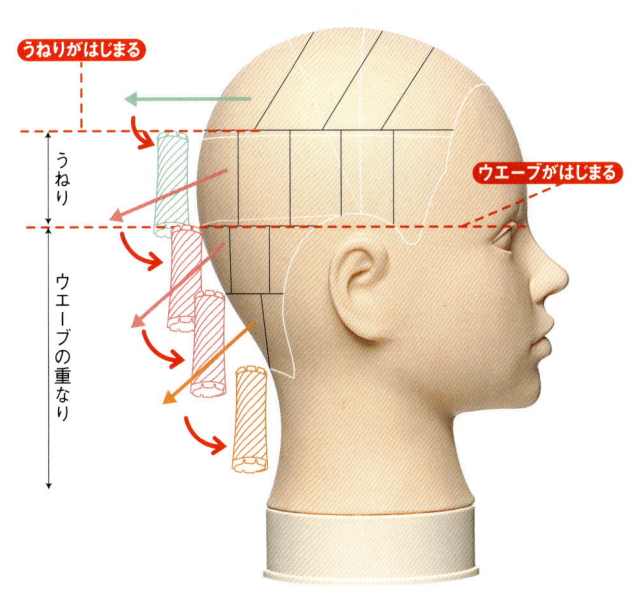

うねりがはじまる
うねり
ウエーブがはじまる
ウエーブの重なり

ROD-ON , OFF

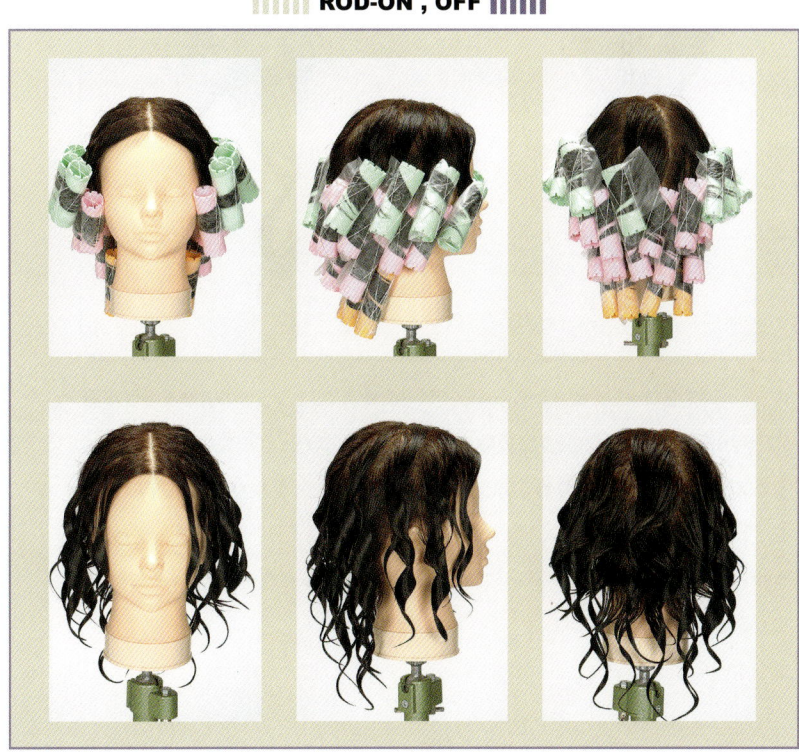

BASIC PERM　79

うねりのあるウエーブでつくるやさしい印象に、動きと丸みを加える

カジュアル＆ナチュラル系①バリエーション（ハイレイヤー・バージョン）

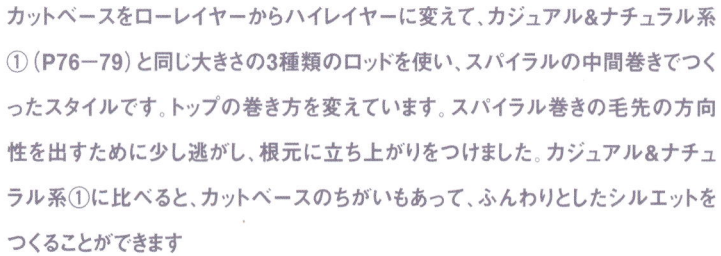

カットベースをローレイヤーからハイレイヤーに変えて、カジュアル＆ナチュラル系①（P76–79）と同じ大きさの3種類のロッドを使い、スパイラルの中間巻きでつくったスタイルです。トップの巻き方を変えています。スパイラル巻きの毛先の方向性を出すために少し逃がし、根元に立ち上がりをつけました。カジュアル＆ナチュラル系①に比べると、カットベースのちがいもあって、ふんわりとしたシルエットをつくることができます

80 BASIC PERM

比較 ストリート&モード系

ロッドの大きさと巻きの方向のちがいが、ウエーブのハードさとランダムさに影響しています。①は全体にランダム。毛先が不規則にあちこちから飛び出してきます。カジュアルで、元気ではつらつとした印象になります。②は①に比べて、やわらかくフェミニンな印象です。毛先の飛び出しもそれほどの不規則ではなく、むしろウエーブが重なり合って空気を含んだようなふわふわ感が出せます

① P104〜

カットベース／ミディアムセイムレイヤー　　　使用ロッド

17mm

15mm

引き出しはすべてオンベース

下2段は、17mmも15mmもすべて、
ツイストはフォワード、
スパイラル巻きはリバース

引き出しはすべてオンベース

ROD-ON　　　　ROD-OFF

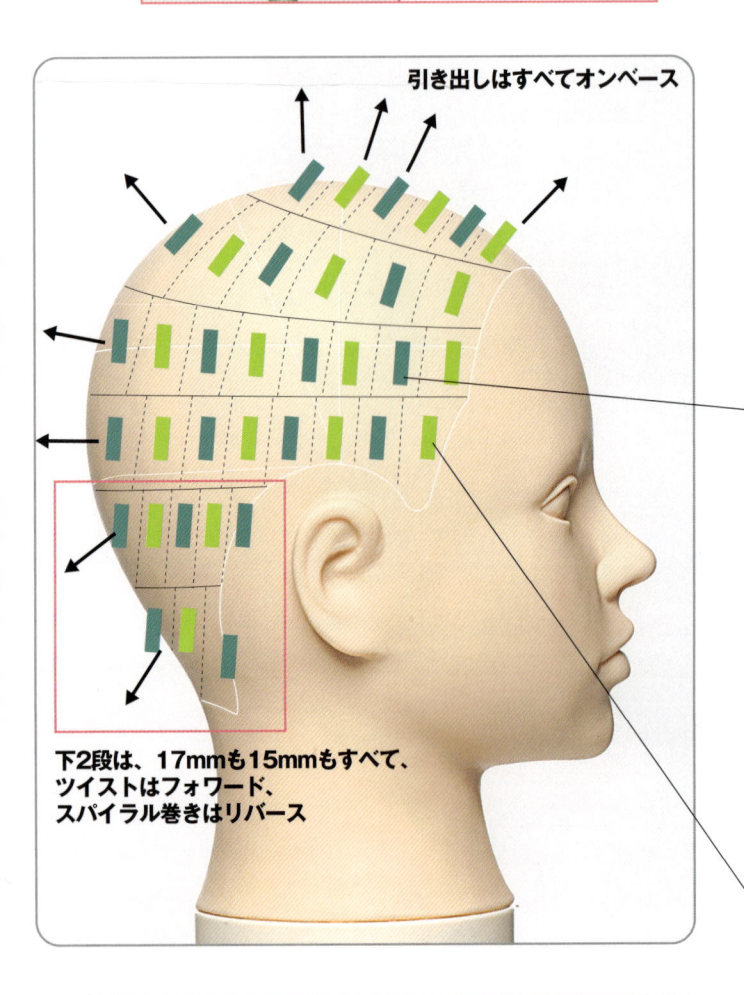

15mmは、ツイスト＋リバース、スパイラル巻き＋フォワード

P104〜107と同様に、まず1回転ツイストして、ツイストしながらのスパイラル巻きで、根元まで巻きこみます。17mmはツイストはフォワード、スパイラル巻きはリバースに。15mmはツイストはリバース、スパイラル巻きはフォワードです。ただし下2段はすべて17mmも15mmもツイストはフォワード、スパイラル巻きはリバース

17mmは、ツイスト＋フォワード、スパイラル巻き＋リバース

応用のポイント
P107と同様に、(前)と(後)では毛先のカールの強さが少しちがいます。(後)は毛先をスパイラルに巻きこみ、(前)は毛先を少し逃がしています。原則どおり、ウエーブやカールは「顔周りはやや弱く、後ろはやや強く」です

BASIC PERM　109

street & mode 1 variation

やわらかで丸みのあるシルエットに毛先の動きでアクセントを
ストリート&モード系 バリエーション

You can get perm-skill for salon work.
street&mode 1 variation

P104のランダムでラフな「ストリート&モード系」に比べると、少し落ち着いた印象になります。ふわふわで空気を含んだ丸みのあるシルエットと、飛び出す毛先の強さにちがいがあります。巻き方（ツイスト&スパイラル巻き）は同じですが、スライスを厚くして、ロッドを大きく（17mmと15mm）したことで、シルエットや毛先の飛び出しのランダムな印象が抑えられています

108 BASIC PERM

You can get perm-skill for salon work.
salon winding C street&mode 1

street & mode 1

5段目

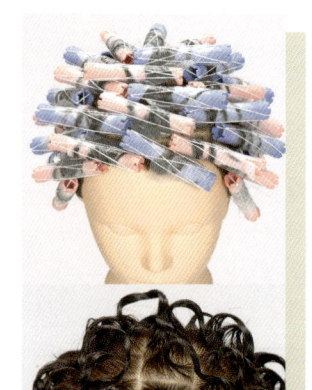

4段目

6段目

★4～6段目／12mm（ツイスト・フォワード、スパイラル・リバース）と14mm（ツイスト・リバース、スパイラル・フォワード）を交互にしてオンベース

ROD-ON , OFF

(後) (前)

応用のポイント
(前)と(後)では毛先のカールの強さが少しちがうと思いませんか？ (後)は毛先をそのままスパイラルに巻きこんでいますが、(前)は毛先を少し逃がしています。ウエーブやカールは「顔周りはやや弱く、後ろはやや強く」が原則です

BASIC PERM 107

street & mode 1

巻きのポイント
ストリート&モード系

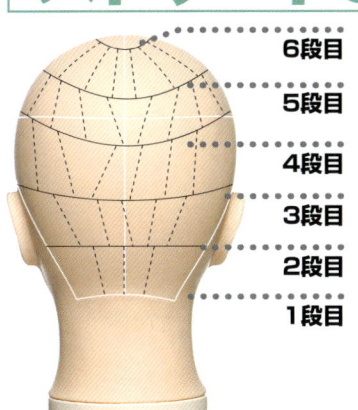

6段目
5段目
4段目
3段目
2段目
1段目

全体にオンベースでツイストスパイラル巻きです。12mmと14mmのロッドを交互に使用（1〜2段目は12mmのみ使用）して毛先まで巻きこみます。スライス線は必ずずらし、12mmと14mmでつくる隣同士のウエーブがランダムに重なり、もつれ合うようにしています

1〜2段目／12mm

- まずフォワードにハーフツイスト
- パネルを持ち替えて、さらにハーフツイスト
- 1回転ツイストしたら
- 根元近くにロッドを置き
- リバースにスパイラル巻きします
- ツイストさせながら毛先までリバースにスパイラルに巻き
- ペーパーにくるみ
- 根元まで巻きおさめます
- 高さをそろえる

オンベースに引き出し、12mmロッドを使用します。ツイストはフォワードに、スパイラルはリバースに巻きます。左右のロッドの高さをそろえましょう

3段目／12mm&14mm

12mm（ツイスト・フォワード、スパイラル・リバース）と14mm（ツイスト・リバース、スパイラル・フォワード）を交互にして、オンベースで巻きます。フェースライン側は、細い ロッドをフォワードのツイストにすることで、顔にかかるランダムウエーブをつくります

BASIC PERM

カットベース／ミディアムセイムレイヤー	使用ロッド

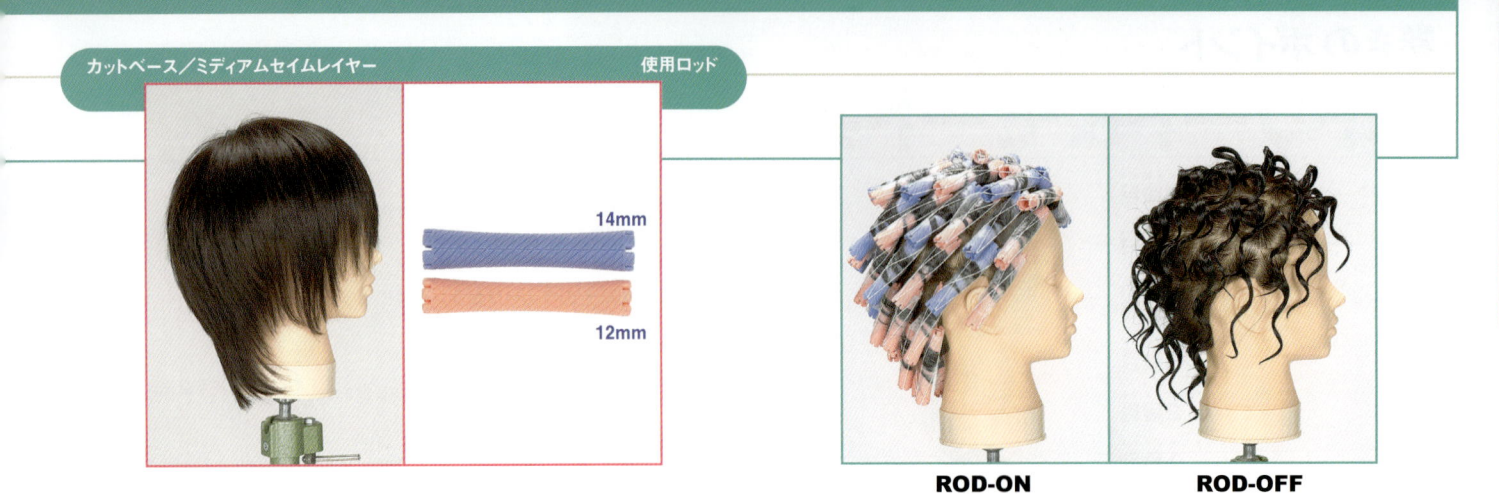

14mm
12mm

ROD-ON　　　ROD-OFF

引き出しはすべてオンベース

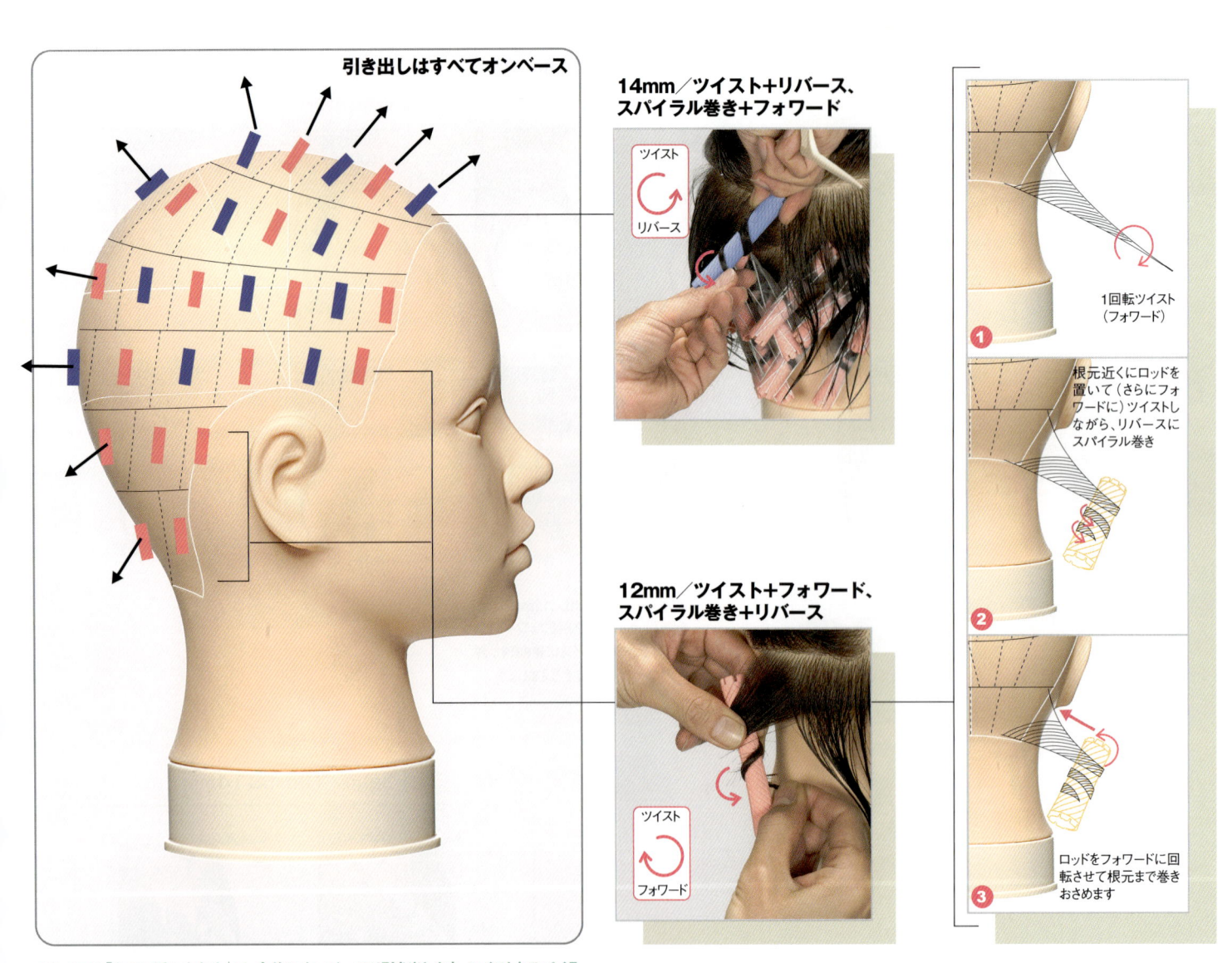

14mm／ツイスト＋リバース、スパイラル巻き＋フォワード

ツイスト
リバース

1回転ツイスト（フォワード）

①

根元近くにロッドを置いて（さらにフォワードに）ツイストしながら、リバースにスパイラル巻き

②

12mm／ツイスト＋フォワード、スパイラル巻き＋リバース

ツイスト
フォワード

③ ロッドをフォワードに回転させて根元まで巻きおさめます

スライスは「たてに近いななめ」で、全体にオンベースで引き出します。ツイストとスパイラル巻きの方向は逆にします（ツイストがほどけないため）。12mmはツイストがフォワード、スパイラル巻きがリバース。14mmはツイストがリバース、スパイラル巻きがフォワードです。1〜2段目は12mmで、3〜6段目は12mmと14mmを交互にします。ウエーブが顔にかかる感じなら、細いロッドをフォワードにツイストします

BASIC PERM 105

ランダムなウエーブの重なりでラフな丸みと毛先の自由な飛び出しをつくる

ストリート＆モード系

You can get perm-skill for salon work.
salon winding C street&mode 1

パーマが自己主張してデザインの主役となるのが「ストリート＆モード系」の特徴です。今回は14mmと12mmのロッドを交互に使い、ツイストスパイラルでややハードタッチのランダムウエーブをつくってみました。すべてオンベースで引き出して全体に丸みのあるラフなシルエットをつくり、ツイストスパイラル巻きで（丸みのあるシルエットから）ランダムに飛び出す毛先をつくるのが今回のデザインのポイントです

104 BASIC PERM

You can get perm-skill for salon work.
salon winding B casual&natural variation

② P88~

③ P96~

SALON WINDING

BASIC PERM 103

比較 カジュアル＆ナチュラル系　バリエーション

このバリエーションの変化も、基本的には前のページ（P100-101）と同様に①→③にいくにしたがってラフ＆ルーズさが増し「静→動」となります。①はフェミニン＆エレガント系に近く、③はおしゃれなモード系に近くなります。巻き方のちがいだけでなく、ボリュームを移行させることで、シルエットにも大きな変化が出せます。パーマによる髪の動きが、フェミニンさを残した①から、ラフでクールな印象の③まで、これが実際のサロンワークのパーマで求められている幅です

① P80〜

You can get perm-skill for salon work.
salon winding B casual&natural

② P84~

③ P92~

SALON WINDING

BASIC PERM 101

バリエーション

You can get perm-skill for salon work.
salon winding C street&mode 1

❷ P108〜

BASIC PERM

go ahead!

theory of perm 1 mechanism of wave

theory of perm 2 ingredient of perming lotion

theory of perm 3 grouping of perming lotion

theory of perm 4 relation between hair damage and perm

study of ends curl

rod winding for model

pin-perm for model

test curl

cut technique 1 low layered medium length

cut technique 2 high]layered medium length

cut technique 3 low layered short medium length

cut technique 4 guraduated layered short length

SKILL UP TECHNIQUE

You can get perm-skill for salon work.

BASIC PERM 113

theory of perm 1

#1　パーマの知識　　パーマの仕組み

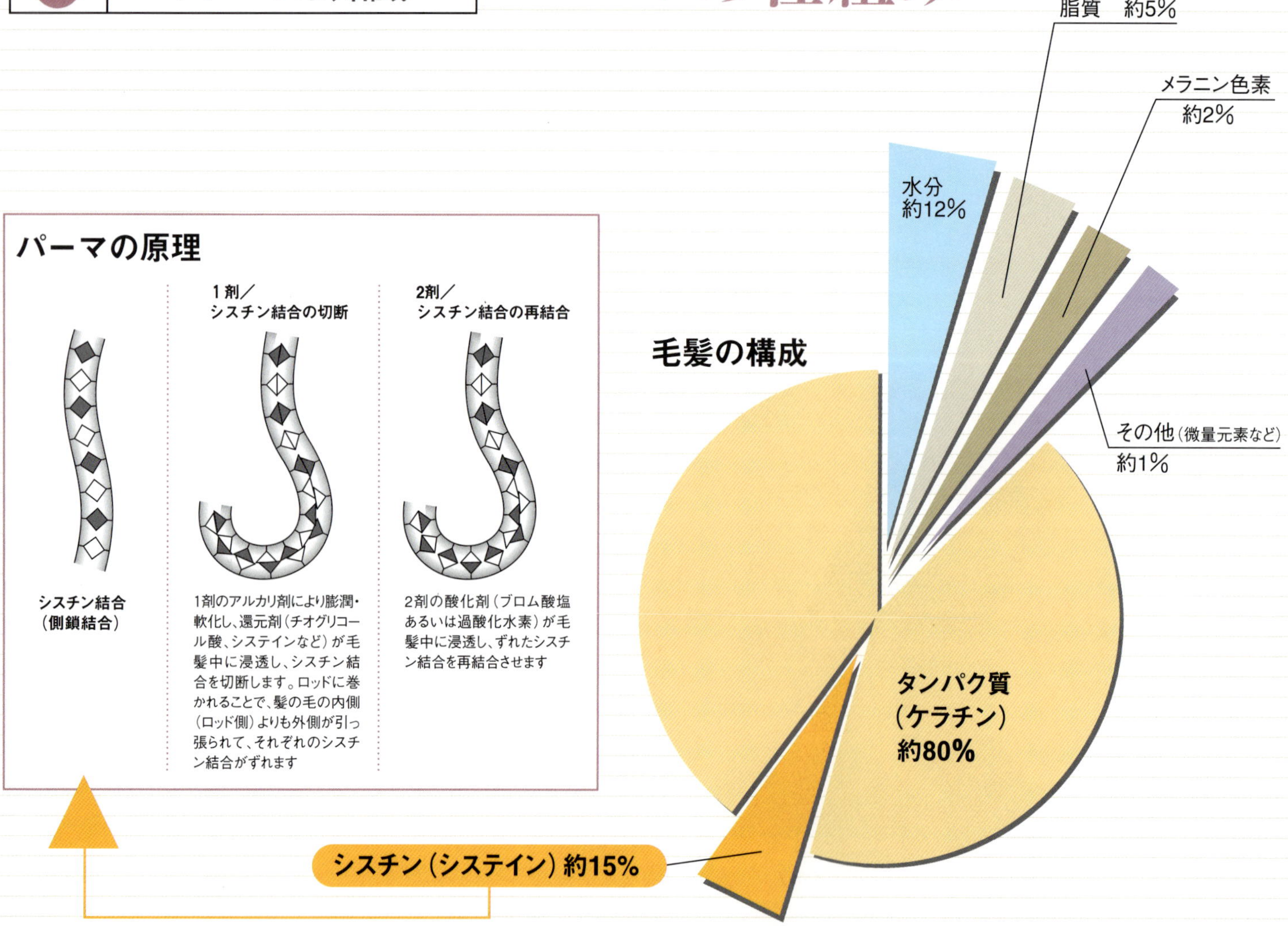

パーマの原理

シスチン結合（側鎖結合）	1剤／シスチン結合の切断	2剤／シスチン結合の再結合
	1剤のアルカリ剤により膨潤・軟化し、還元剤（チオグリコール酸、システインなど）が毛髪中に浸透し、シスチン結合を切断します。ロッドに巻かれることで、髪の毛の内側（ロッド側）よりも外側が引っ張られて、それぞれのシスチン結合がずれます	2剤の酸化剤（ブロム酸塩あるいは過酸化水素）が毛髪中に浸透し、ずれたシスチン結合を再結合させます

毛髪の構成

- タンパク質（ケラチン）約80%
- 水分 約12%
- 脂質 約5%
- メラニン色素 約2%
- その他（微量元素など）約1%

シスチン（システイン）約15%

毛髪の構造とパーマ剤

髪の毛の主要成分は、ケラチンと呼ばれるタンパク質です。ケラチンの中にもっとも多く存在するアミノ酸がシスチン。このシスチンというアミノ酸が、パーマの仕組みの主役となっています。

ケラチンの構造は、たて方向に並ぶアミノ酸の主鎖（ポリペプチド結合と呼ばれます）と、隣り合った主鎖がよこ方向につながる側鎖結合があります。たてとよこにつながった構造になっていることで、髪の毛が硬くてしなやかな性質になっているわけです。

その側鎖結合には、シスチン結合、塩結合、水素結合などがあり、パーマ剤はシスチン結合を化学的に「切って→つなげる」ことで、ウエーブやカールをつくることができます

■解説①ポリペプチド結合

ケラチンを構成する18種類のアミノ酸が、結合を繰り返して長い鎖状になったものがポリペプチド結合で、主鎖結合と呼ばれます。強い結合ですが、強い酸やアルカリ、強い酸化剤（例えばブリーチ力の高いヘアカラー2剤）などで切断されます。ポリペプチド結合の実際は、一直線になっているのではなく、ジグザグで、しかもらせん状に巻かれた構造になっています

ケラチンの構造
- ポリペプチド結合（主鎖）
- 側鎖結合

■解説②シスチン結合

パーマ剤が切断・再結合させる結合
イオウ（S）を含んだケラチンタンパク質特有の結合で、ケラチンに特異な弾力性・可塑性・強度などの性質を与えています。機械的には非常に丈夫な結合ですが、還元剤によって切断されやすく、切断されても酸化剤によって再びシスチン結合に戻ります

■解説③塩結合（えんけつごう）

アルカリ剤が切断する結合
毛髪ケラチン内の側鎖結合のひとつとして、毛の強度を保つためにシスチン結合と並んで重要な結合です。+の原子（陽イオン）と−の原子（陰イオン）とが静電気的な引力によってつくられる結合です

■水素結合

水が切断する結合
水によってかんたんに切断され、乾燥することによって再結合します。ひとつひとつの水素結合は弱いものですが、側鎖結合の中ではもっとも数が多く、毛髪の弾力や強度に大きく貢献しています

theory of perm 2

#2 パーマの知識 ― パーマ剤の構成

■1剤

●有効成分　還元剤

毛髪のシスチン結合を切断（還元）

- **チオ系**：チオグリコール酸／チオグリコールアンモニウム／チオグリコール酸モノエタノールアミン
- **シス系**：L-システイン／塩酸L-システイン／DL-システイン／N-アセチル-L-システイン

★パーマ剤は、この還元剤の種類によって大きく分類されます。チオ系、シス系というのは、有効成分である還元剤の種類による分類です

●助剤　アルカリ剤

還元剤の還元力を助ける
毛髪を膨潤させる

- アンモニア
- モノエタノールアミン
- トリエタノールアミン
- 炭酸水素アンモニウム
- 炭酸ナトリウム
- 炭酸水素ナトリウム　など

- 塩基性アミノ酸
  - アルギニン
  - モルホリン
- 炭酸塩
  - 炭酸アンモニウム
  - 炭酸水素アンモニウム
  - 炭酸ナトリウム
  - 炭酸水素ナトリウム
- リン酸塩
  - リン-水素アンモニウム
  - リン酸-水素ナトリウム
- 苛性アルカリ
  - 水酸化カリウム
  - 水酸化ナトリウム

★助剤はパーマ剤の製品特徴を大きく影響します

●添加剤

●水　溶剤

■2剤

●有効成分　酸化剤

シスチン結合を再結合（酸化）

臭素酸ナトリウム／臭素酸カリウム
過ホウ酸ナトリウム／過酸化水素

★臭素酸ナトリウムがもっともポピュラー。過酸化水素は1988年に認可されました

●添加剤

1剤のみ　反応調整剤
ジチオジグリコール酸／ジチオジグリコール酸アンモニウム

★チオ系パーマ剤に保湿成分としてシス系成分が、シス系パーマ剤が安定剤としてチオ系成分が、それぞれ添加剤として配合されているものがあります

1・2剤共通

① 安定剤
② キレート剤
③ pH調整剤
④ 界面活性剤
⑤ トリートメント成分
⑥ その他

- 浸透剤
- 乳化剤
- 可溶化剤

- 油脂剤
- 保湿剤
- 毛髪保護剤
- 毛髪柔軟剤

- 抗炎症剤
- 消臭剤
- 紫外線吸収剤
- 着色剤
- 増粘剤
- 防腐剤
- 香料　など

★添加剤は製品の特徴を左右するもので、パーマ剤には1653成分の添加剤が配合可能です

●水　溶剤

BASIC PERM 115

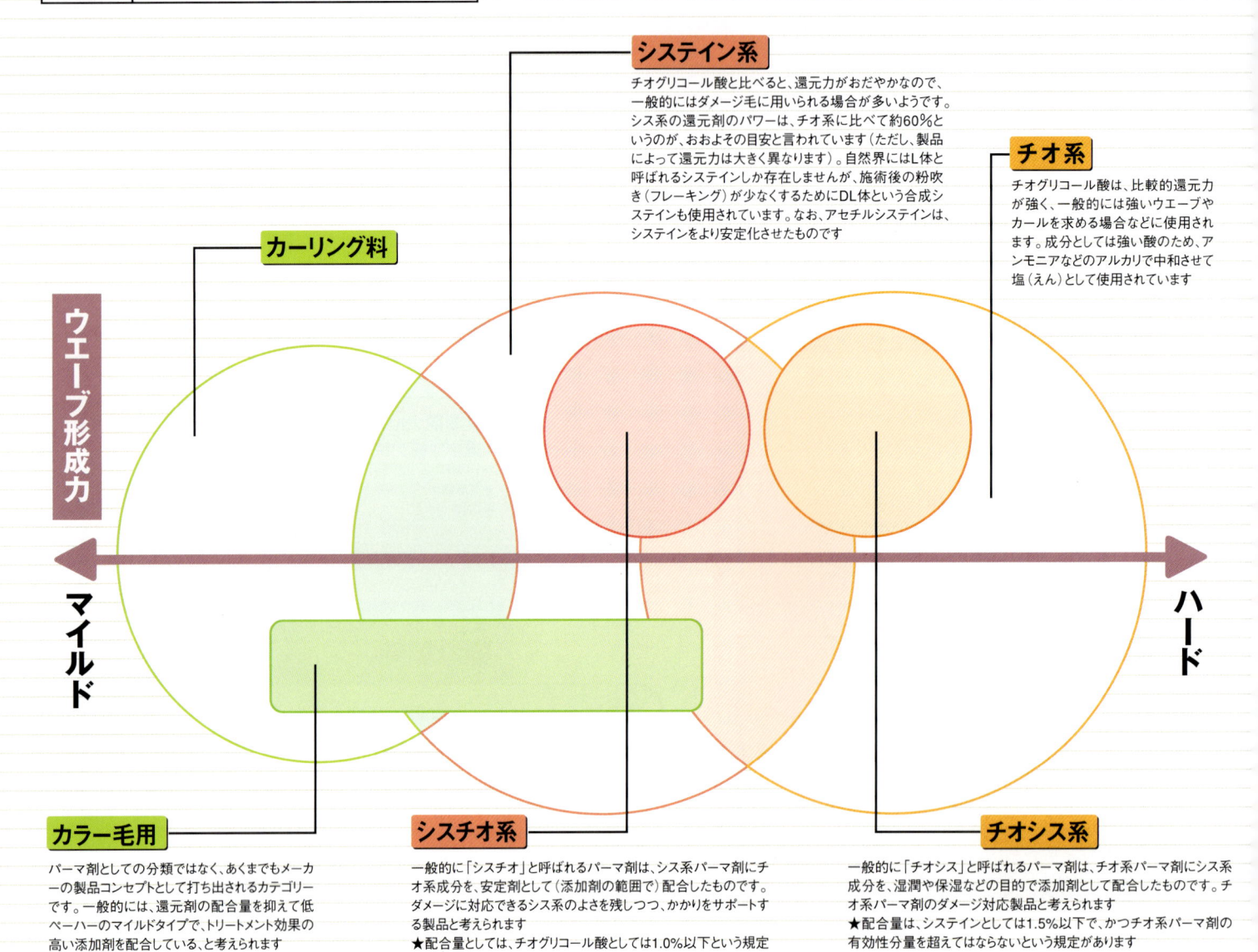

theory of perm 3

#3 パーマの知識 | パーマ剤の分類

システイン系
チオグリコール酸と比べると、還元力がおだやかなので、一般的にはダメージ毛に用いられる場合が多いようです。シス系の還元剤のパワーは、チオ系に比べて約60％というのが、おおよその目安と言われています（ただし、製品によって還元力は大きく異なります）。自然界にはL体と呼ばれるシステインしか存在しませんが、施術後の粉吹き（フレーキング）が少なくするためにDL体という合成システインも使用されています。なお、アセチルシステインは、システインをより安定化させたものです

チオ系
チオグリコール酸は、比較的還元力が強く、一般的には強いウェーブやカールを求める場合などに使用されます。成分としては強い酸のため、アンモニアなどのアルカリで中和させて塩（えん）として使用されています

カーリング料

ウェーブ形成力　マイルド ⇔ ハード

カラー毛用
パーマ剤としての分類ではなく、あくまでもメーカーの製品コンセプトとして打ち出されるカテゴリーです。一般的には、還元剤の配合量を抑えて低ペーハーのマイルドタイプで、トリートメント効果の高い添加剤を配合している、と考えられます

シスチオ系
一般的に「シスチオ」と呼ばれるパーマ剤は、シス系パーマ剤にチオ系成分を、安定剤として（添加剤の範囲で）配合したものです。ダメージに対応できるシス系のよさを残しつつ、かかりをサポートする製品と考えられます
★配合量としては、チオグリコール酸としては1.0％以下という規定があります

チオシス系
一般的に「チオシス」と呼ばれるパーマ剤は、チオ系パーマ剤にシス系成分を、湿潤や保湿などの目的で添加剤として配合したものです。チオ系パーマ剤のダメージ対応製品と考えられます
★配合量は、システインとしては1.5％以下で、かつチオ系パーマ剤の有効性分量を超えてはならないという規定があります

■助剤（アルカリ剤）
毛髪を膨潤させること、還元力の効果を高めること、この2つの目的があります。膨潤は、薬剤の浸透を促進させます。還元剤は、チオグリコール酸もシステインも高ペーハーで活性化するため、アルカリ剤が還元剤の働きを助けるというわけです。ただし、アルカリ剤によってアルカリの力がちがうため、パーマ剤の特徴を知るには、配合されているアルカリ剤の量と種類をしっかり確認する必要があります

■酸化剤
臭素酸ナトリウムと過酸化水素では使用方法が大きく異なります。臭素酸ナトリウムは比較的時間をかけて、ゆっくりと酸化が進行し、一般的に10分程度で進行が鈍化します。そのため、製品によっては2剤の2度づけが効果的です。対して、過酸化水素は短時間で急激に酸化させるために、時間のコントロールがより重要となります。2剤の酸化剤の種類によって、ロッドアウトが大きく異なることに注意しましょう

パーマ剤の分類
　パーマ剤は「パーマネントウェーブ用剤製造（輸入）承認基準」によって9種類が規定され、すべて医薬部外品に分類されています。チオ系には、コールド2浴式、加温2浴式、コールド1浴式、コールド2浴式縮毛矯正、加温2浴式縮毛矯正、高温整髪用アイロン使用のコールド2浴式縮毛矯正、高温整髪用アイロン使用の加温2浴式縮毛矯正、シス系には、コールド2浴式、加温2浴式があります。ペーハー、アルカリ度、有効成分濃度、加温の可否などで分類されています
　医薬部外品ではなく、化粧品に分類される「カーリング料」とよばれるものがあります。還元剤としてサルファイト系、システアミン系などの成分を使用したもので、パーマ剤と仕組みはほぼ同じです（ただし1剤式もあります）。パーマ剤の効果を上回らないために、ウェーブ効果は弱くなりますが、ダメージ毛やカラー毛に対応できること、そして医薬部外品のカラー剤との同時施術ができるという利点があります

theory of perm 4

#4 パーマの知識　ダメージとパーマの関係

0〜1.5　かかりにくい／軟化不足になりがち

外側のキューティクルが丈夫なためにパーマ剤の浸透が悪く、還元・酸化作用が不充分になりがちです。丈夫なキューティクルは元に戻ろうとする力が強いため、ウエーブの持ちが悪い、ということにもなりがちです。

● 対策は、ハードタイプのパーマ剤で、ロッドを通常よりも1〜2段落として1剤のつけ巻き、といったことが考えられます。ただし、ダメージを進行させない意味でも、髪に過剰な負担がかからないようにしましょう

1.5〜2.5　かけやすい／軟化を順調に行える

パーマ剤の浸透が良く、パーマ剤が作用するコルテックスも充分あり、パーマ剤が作用しやすくなっています。キューティクルが丈夫すぎないために、元に戻ろうとする力もそれほど強くありません。求めるウエーブをつくりやすく、持ちも良くなるために、ウエーブのコントロールがしやすい状態、つまりパーマをかけやすい状態です

● 対策／髪質と求めるウエーブに合わせたパーマ剤とロッドの適切な選択を心がけましょう。ただし、（パーマ剤とデザインにもよりますが）毛先のダメージを進行させないように、前処理剤を塗布しておくことがおすすめです

2.5〜4.0　かかりすぎる／軟化過剰になりがち

キューティクルもコルテックスも少なくなっているために、パーマ剤が浸透しすぎて、少なくなっているコルテックス（シスチン結合）に作用しすぎることで、軟化過剰になりがちです。かかりやすく、しかも落ちやすい状態です。根元のバージン毛とのダメージ差が大きく、毛先の前処理を必ず行う必要があります

● 対策／毛先の前処理と、根元の1剤付け巻きを組み合わせる、といった対策が必要です。例えば、前処理にケラチンPPT、根元にチオ系を塗布して、全体にはシス系といった処理が考えられます。また、ハード系ウエーブなど、髪に負担となるデザインは避けたほうがいいでしょう

4.0〜　かけにくい／過剰な軟化が起きる

キューティクルもコルテックスも非常に少なくなっているために、ダメージレベル2.5〜4.0の場合以上に、パーマ剤が浸透しすぎて、少ないコルテックス（シスチン結合）に作用しすぎることで、軟化過剰になります。かかっても、落ちやすい状態です。ハード系ウエーブはもとより、リッジを求めるウエーブはほぼ不可能だと思います

● 対策／ウエーブのコントロールが非常にむずかしい状態です。ダメージした毛先にトリートメント剤を塗布し、根元にハードタイプのパーマ剤1剤の付け巻き、全体にソフトタイプのパーマ剤を使い、ロッドではなくピンパーマでゆるやかなウエーブを出す、といった方法が考えられます。注意すべきは、ウエット時とドライ時でのウエーブのギャップが非常に大きく、スタイリングに関する情報が非常に重要となります。いずれにしても、ダメージ部分をカットして次のデザイン展開を考えることも想定しながら、カウンセリングを行うことが必要になります

0

■ダメージレベル0（バージン毛）
外側のキューティクルも丈夫で、内側のコルテックスも充分につまっている健康毛の状態です

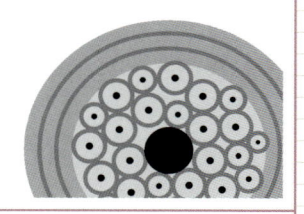

1

■ダメージレベル1
日常のシャンプーやブロー、紫外線などの影響でキューティクルに少し損傷がありますが、コルテックスは充分につまっている状態です。パーマやカラーをしていないロングヘアの少し乾燥した毛先がその代表例です。ゆるめのパーマやミドルトーン以下のカラーを1度経験した場合も、この程度のダメージとなります

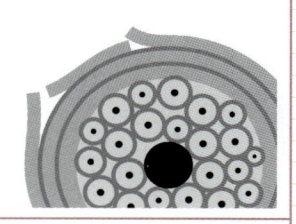

2

■ダメージレベル2
（ハード系ウエーブやハイブリーチを除く）パーマやカラーを2〜3回程度行い、キューティクルに損傷ができ、コルテックスが少し減った状態です。乾燥した印象になります

3

■ダメージレベル3
パーマやカラーを4〜5回程度繰り返した状態、あるいはストレートパーマ、ハードウエーブ、ハイブリーチのいずれかを施術した状態です。キューティクルもコルテックスも少なくなり、乾燥が進み、パサつきを感じます

4

■ダメージレベル4
パーマやカラーを4〜5回以上、継続して繰り返した状態、あるいはストレートパーマ、ハードウエーブ、ハイブリーチを数回行った状態です。キューティクルもコルテックスも少なくなり、パサつきがわかる状態です

5

■ダメージレベル5
ハイトーンカラーやハード系ウエーブなどを繰り返し、キューティクルもコルテックスも非常に少なくなった状態です。パサつきがあり、見た目にもはっきりとダメージがわかります

BASIC PERM

毛先処理比較
スパイラル（平巻き）

professional perm technique

たてスライスのスパイラル平巻きです。毛先をにがした場合（左）と巻きこんだ場合（右）では、えり足の躍動感や弾力、シルエットにちがいが出ます。毛先の巻き方がデザインに大きく影響することを確認しておきましょう

毛先にがし

毛先巻きこみ

118 BASIC PERM

ツイストスパイラル

Let's master, perm technique for salon.

たてスライスでツイストスパイラルです。毛先をにがした場合（左）と巻きこんだ場合（右）では、左ページと同様に、えり足の躍動感や弾力、シルエットにちがいが出ます。毛先の巻きのちがいは異なるデザインをつくる、と考えておきましょう

毛先にがし

毛先巻きこみ

BASIC PERM 119

#1 「気づき」のポイント

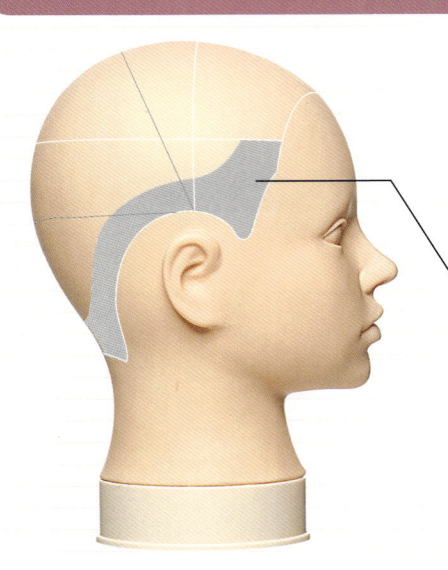

ウイッグでは問題にならなくても、練習の人間モデル（お客様はもちろんです）では負担になることがあります。ここで注意すべきポイントを確認しておきましょう。重要なのは「気づく」こと。ウイッグと人間のちがい、状況の変化に気づくことができれば、適切な対応が可能ですから。もちろんサロンワークにもそのまま役立ちます

ポイント ①
ここにテンションをかけてはいけません!

左のエリアの髪を自分で引っ張ってみてください。髪を少し強く引っ張っただけで、痛みを感じませんか？巻かれているお客様の立場で、このエリアを引っ張られている状況を想像してみてください。きっと、自分で引っ張った以上に痛みを感じるのではないでしょうか。このエリアはテンションをまったくかけないつもりで巻くこと。もちろん、その他のエリアも過剰なテンションをかけないようにしなければなりませんが、フェースライン～ヘムラインにかけてのエリアは特に注意するべし！と覚えておきましょう

ポイント②
えり足の気持ち悪さは、パーマ嫌いをつくります

えり足にロッドがあたって気持ちが悪い…。そんなことがないようにしましょう。えり足を巻くときの注意点は、右の「○」のように、パネルをロッドの中央から下の位置に巻きつけて、えり足にロッドが当たらないようにしておくことです。これはターバンをかけづらくしないためにも必要な注意点です

ポイント③
ステム＆テンションが正確なのがプロ

ステムとテンションは正確に。実はこれが「巻き」の永遠の注意点なのです。右の写真のように、ななめに引き出したパネルが、ベースの上側（あるいは下側）がゆるんでいないか。ベースに対してステムやテンションが正確かどうかを、常に気にする習慣をつけておきましょう。意識を集中して、こうした点に注意を払うことを心がけると、必ず気づき、修正できます。そして、失敗がなくなります

120 BASIC PERM

ポイント ④
同じ巻きでもロッドの数を変えることがあります

ウイッグで「フェミニン&エレガント系①」（P54-57参照）を巻いたのが左の写真。トップは3本巻いています。対して右の人間モデルのトップは2本になっています。その理由は、髪の状態がちがったから。ウイッグで3本巻いたからといって、すべての人間（お客様含む）に3本巻くとは限りません。頭の形・大きさ、髪の毛の量、レイヤーやそぎの程度などによって、適切な本数は異なるものである、と考えておきましょう

ウィッグのケース

人間のケース（例）

「フェミニン&エレガント系①」
（P54-57参照）

3本

2本

ウイッグでは3パネルに分けて巻くのが妥当な髪の量でした（P57参照）

今回の人間モデルの場合には、そぎが多く入っているため、3パネルでは髪の量が少なくなり、かかりすぎる危険性があります。そこで、2パネルに分けて巻いています

★重要なのは「気づく」こと

あるパーマデザインをお客様にかけるとしましょう。例えば、練習ではトップは32mmロッド3本で巻いていたとします。しかし、今回のように、そぎがたくさん入っている場合、3本よりも2本がいいかもしれません。どちらがいいかは、求めるデザインとお客様の髪の状態によります。実際にパネルを持った段階で「思った以上に毛が硬くて厚い」とか「見た目以上にこのパネルは薄い」といったことに「気づく」こと、それがすごく重要なのです

BASIC PERM 121

#2 ターバンのかけ方と薬剤塗布

ターバンのかけ方
（ロッド使用の場合）

ターバンをかける目的は、パーマ剤などの薬剤が顔や首にたれてこないようにすることです。えり足から額までを、タオルでやさしく、ていねいにくるんでいく一連の動作を確認しておきましょう

① 輪ゴムをつなげたクリップをターバンの中央につけ

② えり足にターバンを置き

③ ロッドを持ち上げたらすばやくターバンを差し入れ

④ フェースラインをターバンでつつみ、額の上でクロスさせて

⑤ 一方を丸めて軸にして

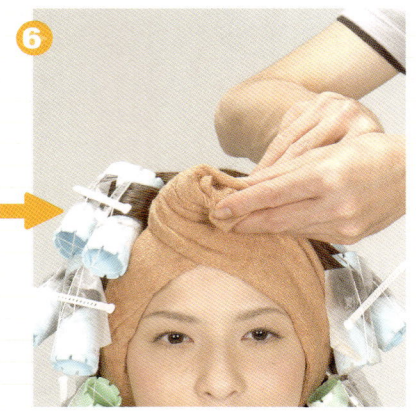

⑥ もう一方でその軸をつつみ

⑦ クリップにつなげた輪ゴムをかけます

⑧ 輪ゴムの下にはコットンをしき

⑨ ターバンが目にかからないように、さらにターバンを持ち上げます

122 BASIC PERM

ターバンのかけ方
（ピンパーマの場合）

① フェースラインにコットンをはり

② ターバンを額からえり足にまわして

③ あらかじめターバンの下に隠れてしまう部分に1剤を塗布して

④ えり足でターバンの一方を丸めて軸にして、もう一方でその軸をつつみ

⑤ クリップでとめます

⑥ 額のターバンが落ちないようにゴムでささえ

⑦ ラップをします

ブロム酸系2剤で2度づけでは、2剤の2度目の直前にピンアウトして、2剤を塗布する場合があります

薬剤塗布

巻き終わり、ターバンをかけたら、薬剤塗布です。決してむずかしくはありません。必要なところに、必要な量をていねいに確実につける。それを実践していきましょう

スプレー状のものは、ロッドを持って、出口をロッドに近づけて1本1本、ていねいに確実に塗布しましょう。離れて無造作に塗布すると、必要な量が塗布しにくく、顔にかかる恐れもあります。液状のものは、ロッドの下にタオルをあてて、液がたれないようにしましょう。ターバンがあっても、無防備に液をたらすと、ロッドや頭皮をつたわって顔にたれてしまいます

ラップのかけ方

部位によって異なる温度を全体に一定にするためにラップします。はじめからぴたっとラップをかけるのではなく、ふわっと、弧を描くように、後ろからかけていきましょう

BASIC PERM 123

#3 「テストカール」の方法と対策

パーマの進行状態をチェックするために必ず行わなければならないのが「テストカール」です。これは、1剤による還元反応の進行状態をチェックするものですが、髪の毛の内部のS-S結合の切断状態は見ることはできませんから、実際には、髪の毛の軟化状態（やわらかさ）をチェックしていきます

ワインディング終了後、1剤を塗布します

★写真は、フェミニン＆エレガント系①（P54-57参照）をモデルにワインディングしたものです

1剤タイム終了直前に「髪の毛の状態をチェック」＝「テストカール」していきます

■毛先から根元まで、やわらかさをチェックしていきます

毛先 ▶▶▶▶ 根元

テストカールのチェックは、必ず毛先から行います。通常、ダメージは毛先に強いため、軟化（パーマの酸化反応）も毛先から進んでいくからです。4つの毛束のそれぞれに対して、毛先から根元に向かって、指でやわらかさを確認していきましょう。1剤塗布前のやわらかさと塗布後のやわらかさ、毛先、中間、根元のやわらかさのちがいを確認していきましょう。
（この「やわらかさ」の判断には、ある程度の経験が必要です。パーマ施術を繰り返す中で、テストカールの「やわらかさ」と、かかり具合の関係を積み重ねていきましょう。実際に3人以上にパーマをかけると、この「やわらかさ」を実感できると思います）

軟化順調

軟化過剰

軟化不足

■チェックは4か所で

髪の毛は、部位によって太さやクセのある・なしなど、状態が異なっています。トップやクラウンは紫外線が多くあたっている、毛先はこれまでのパーマやカラーの施術などでダメージが大きい、といったことも考えられます。また、サイドを指でかきあげる習慣のある人は、その部分のキューティクルが破損していたり、場合によっては左右の髪質に違いがあったりすることもあります。当然、これらの状態のちがいは、すべてパーマのかかり具合に影響します。全体の髪の状態を見るために、必ずトップ、サイド、ネープ、クラウンの4か所でテストカールを行いましょう

トップ / クラウン / サイド / ネープ

BASIC PERM

■軟化順調 中間処理→2剤塗布

順調に1剤が作用している場合です。中間処理、2剤塗布と進めていきましょう

■軟化過剰 2剤塗布→ロッドを1〜2段上げて巻きなおす

パーマ剤のパワーが強すぎた、予想外にダメージが強くてパーマ剤に反応してしまった、あるいはロッドの選定ミスだった、といったことが考えられます。通常は《すぐに2剤を塗布する→すぐにロッドをはずす→トリートメント剤を塗布して指や粗歯のコームでゆっくり伸ばす→1〜2段上げたロッドで巻きなおす》をすみやかに行います。かかりが強くなると予想される場合にはロッドを1段上げる。さらに心配な場合には、ロッドを2段上げる感じです

今回のように、毛先中心のパーマでトップに「軟化過剰」が起きた場合の2つの対策を紹介します

●対策A／ピンパーマに
(2剤を塗布し、すぐにロッドをはずし、トリートメント剤を塗布して)ピンパーマで巻きなおします。ロッドの弾力感を出さずに毛先にカールを出すには有効です

●対策B／
2つのスライスを1つにする
(同じく、2剤を塗布し、すぐにロッドをはずし、トリートメント剤を塗布して)2つのスライスを1つにして、巻きなおします。これだとスライスが厚くなるため、ロッドを落とす必要はありません

■緊急対策

2剤塗布後にダメージがわかったら…

1剤後のテストカールではそれほどでもないと思った髪の毛が、2剤を塗布した段階で、伸びたゴムのような、弾力がない「ヘロヘロ」になる場合があります。こういった場合には、すぐにロッドをはずして、PPTなどのトリートメント剤を塗布して、巻きなおします

■軟化不足 2剤塗布→ロッドを1〜2段落として巻きなおす

多くの場合、タイムの延長や1剤再塗布、よりパワーのある1剤の塗布で解決します。
しかし、それでもかかりが弱くなる(＝希望のパーマが出せない)ことが予測され場合には、以下の対策が必要となります

パーマ剤のパワーが不足していた、あるいは予想外にパーマ剤が浸透しにくい髪の毛だった、あるいはロッドの選定ミスだった、といったことが考えられます。2剤を塗布する前にすぐにロッドをはずして、1〜2段落としたロッドで巻きなおし、2剤を塗布します。かかりが弱くなると予想される場合にはロッドを1段落とし、さらに心配な場合には、ロッドを2段落とす感じです

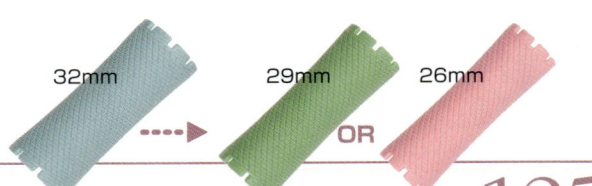

32mm → 29mm OR 26mm

BASIC PERM

CUT 1 …… ミディアムローレイヤー

よこスライス	P14-19
たて＆ななめスライス	P22-27
スパイラル	P28-33
フェミニン＆エレガント①	P54-59
フェミニン＆エレガント②	P62-65
カジュアル＆ナチュラル①	P76-79
カジュアル＆ナチュラル②	P84-87
カジュアル＆ナチュラル③	P92-95

そぎ
根元から毛先に向けてセニングシザーをななめにしながら入れていきます。

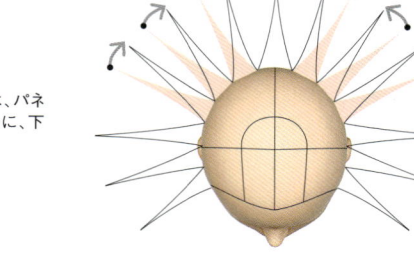

トップ／パネル上からだけ

耳上／中間の3段は逆に、パネルの下から多めに、上から少なめに

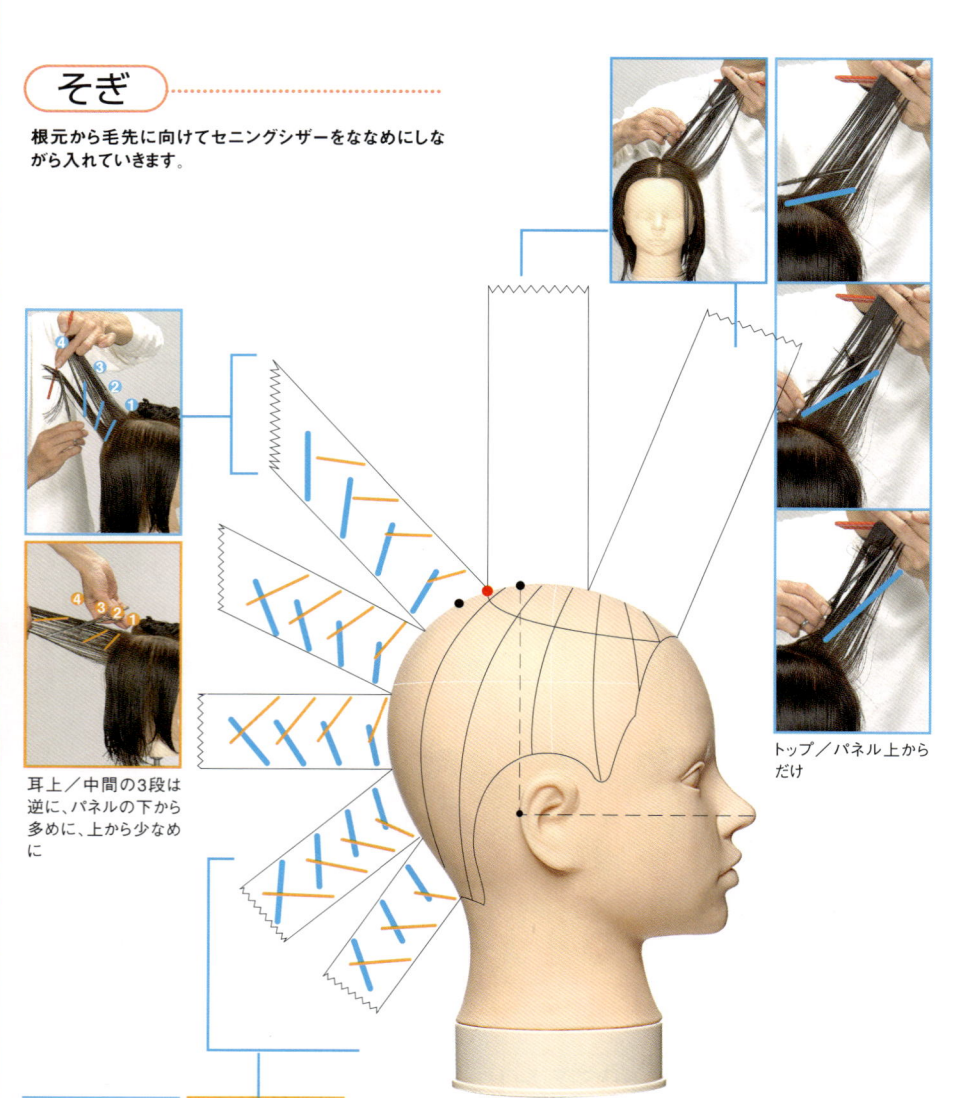

耳下／下2段は、パネルの上から多めに、下から少なめに

126 BASIC PERM

アウトライン
バック＝ウイッグ台下7cm〜
フェースライン＝台下2cmの前上がりライン

K点　GP　イア・トゥ・イアポイント

イア・トゥ・イアポイント（耳後ろから垂直に上にあげた地点）とGPの中間地点（K点）から、ハチのラインでブロッキングしてトップを分け取ります

ベースカット
まずK点からセンターのスライスをオンベースに引き出し、床に垂直にカット。以下、センターをネープまでオンベースに引き出し、耳上は床に垂直に、耳下はややグラデーションでカットします。センターのガイドに合わせて、イア・トゥ・イア前はオンベースで、イア・トゥ・イア後ろはオンベースより少し後ろに引いて、カットします

トップ
K点を起点にした放射状スライスでオンベースに引き出しカットし、さらに扇状スライスをオンベースでレイヤーのチェックカットをします

CUT 2 …… ミディアムハイレイヤー

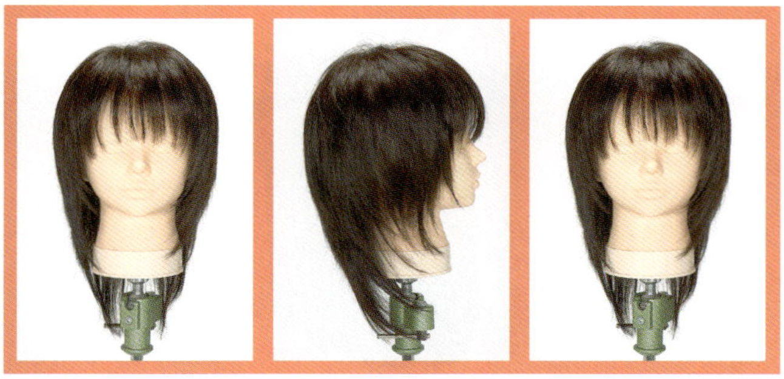

カジュアル&ナチュラル①バリエーション
………………………… P80-83

カジュアル&ナチュラル②バリエーション
………………………… P88-91

カジュアル&ナチュラル③バリエーション
………………………… P96-99

そぎ
全体に上から入れていきます

バック～サイド

トップ

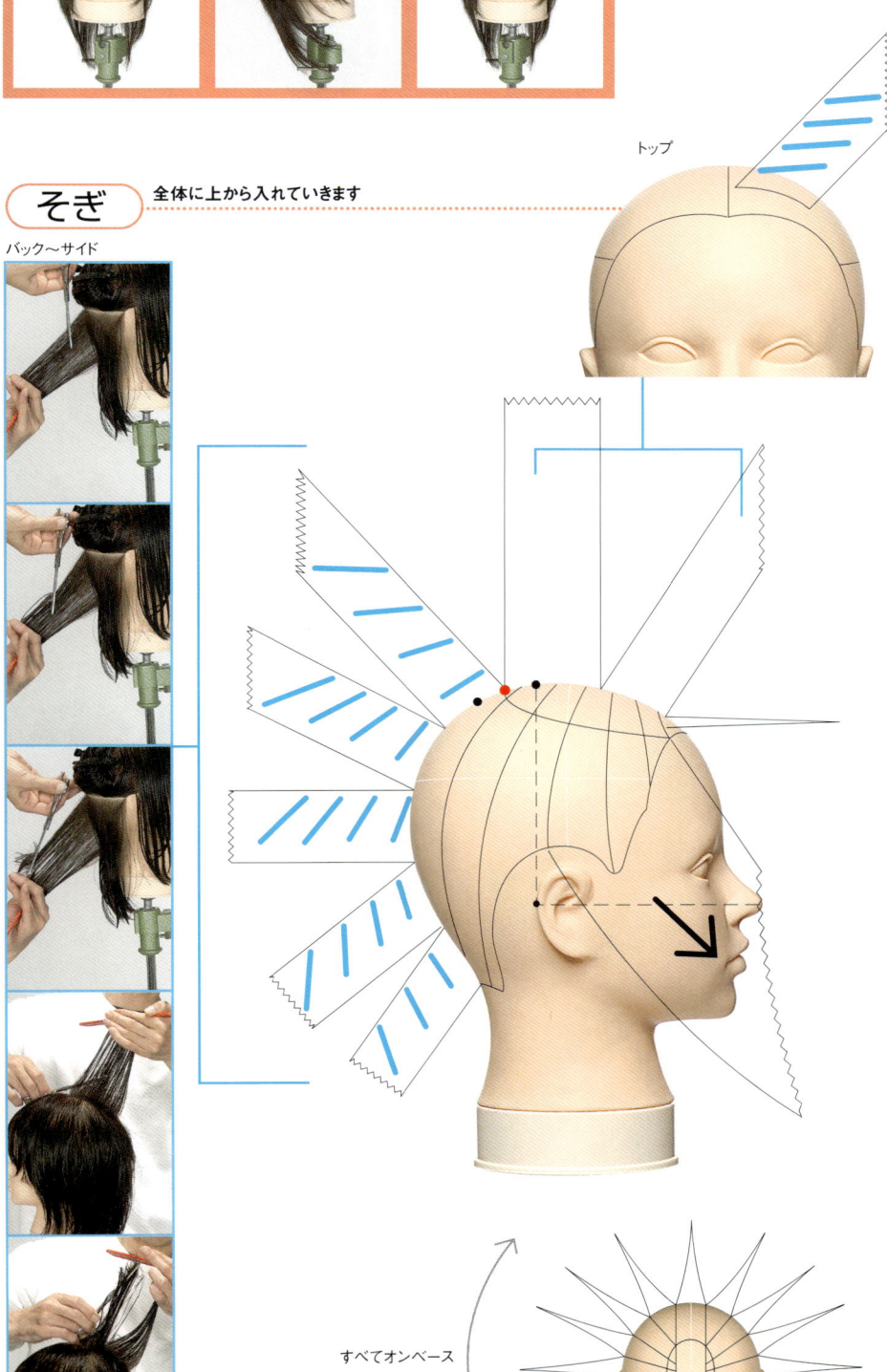

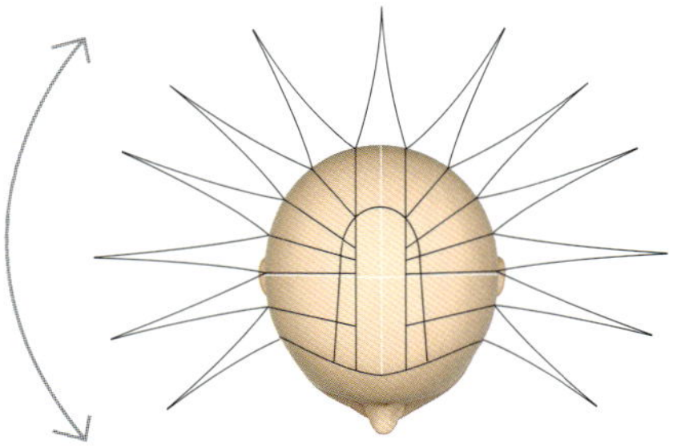

すべてオンベース

アウトライン（CUT1と同じ）
バック＝ウイッグ台下7cm〜
フェースライン＝台下2cmの前上がりライン

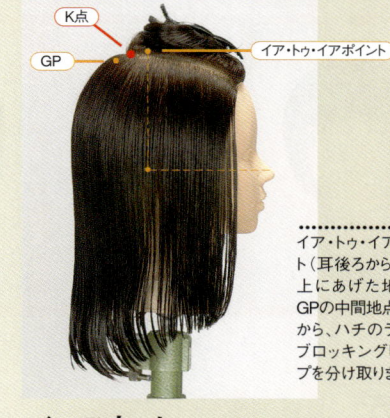

K点　GP　イア・トゥ・イアポイント

イア・トゥ・イアポイント（耳後ろから垂直に上にあげた地点）とGPの中間地点（K点）から、ハチのラインでブロッキングしてトップを分け取ります

ベースカット
まずK点からセンターのスライスをオンベースに引き出し、床に垂直にカット。以下、センターをネープまでオンベースに引き出し、耳上は床に垂直に、耳下はややグラデーションでカットします。センターのガイドに合わせて、オンベースでカット

バング～フェースライン
バングを瞳の長さに設定し、床に平行に引き出しカット。バングをガイドにフェースラインを前方に引き出してカットします

トップ
バックとバングをセンターでつなぎ、扇状スライスをオンベースでカットしていきます

BASIC PERM

CUT 3 ショートミディアムローレイヤー

フェミニン&エレガンス①バリエーション
P58-61

フェミニン&エレガンス②バリエーション
P58-61

そぎ

バック〜サイド／パネルの下から多く、上から少なく

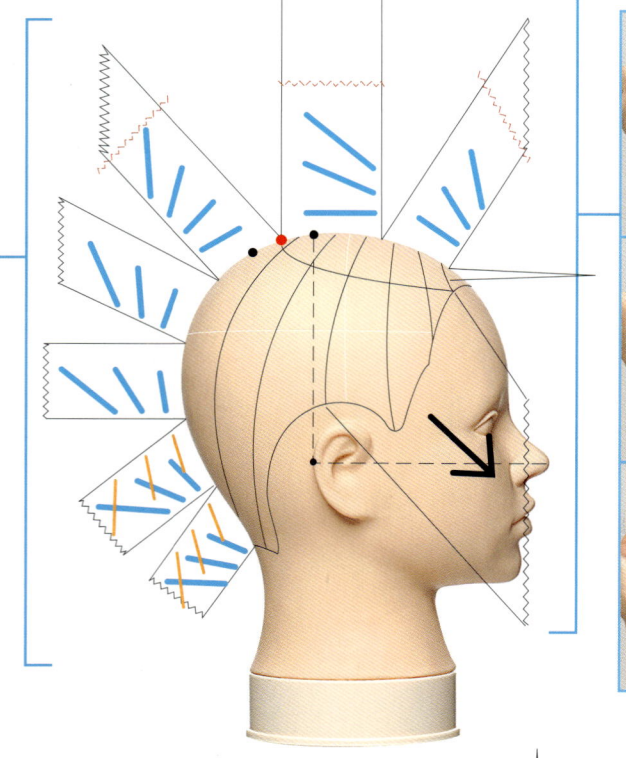

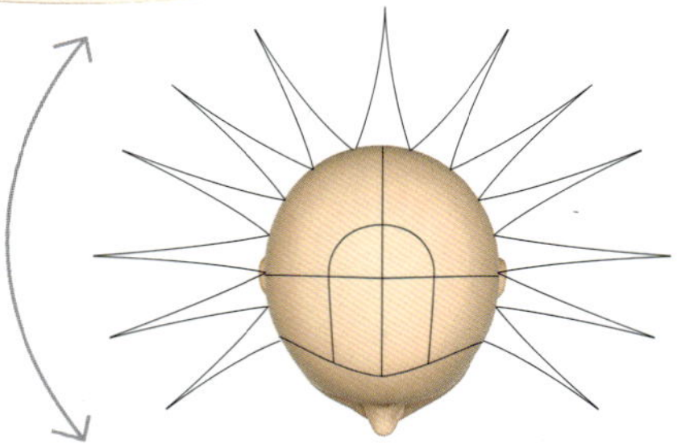

バング／毛束感を出すためにパネルの左右から

トップ〜フェースライン／パネルの上から多く、下から少なく

すべてオンベース

128 BASIC PERM

アウトライン
ウイッグ台下からあごに向かう前上がりライン

K点
GP
イア・トゥ・イアポイント

イア・トゥ・イアポイント（耳後ろから垂直に上にあげた地点）とGPの中間地点（K点）から、ハチのラインでブロッキングしてトップを分け取ります

ベースカット

まずK点からセンターのスライスをオンベースに引き出し、床に垂直にカット。以下、センターをネープまでオンベースに引き出し、耳上は床に垂直に、耳下はややグラデーションでカットします。センターのガイドに合わせてオンベースでカットします

バング〜フェースライン

バングを眉上の長さに設定し、床に平行に引き出しカット。バングをガイドにフェースラインを前方に引き出してカットします

トップ

K点を起点にして、放射状スライスでオンベースに引き出し、バングにつなげてカットし、扇状スライスをオンベースでカットしていきます

CUT 4 …… ショートグラレイヤー

ピンパーマ …………… P44-49

そぎ

耳上／上から多く、下から少なく

耳まわり／パネルの左右から

トップ

バング〜トップ／毛束感を出すためシザー（セニングシザーではありません）で先細感をつくります

耳下／つまんでパネルの上から

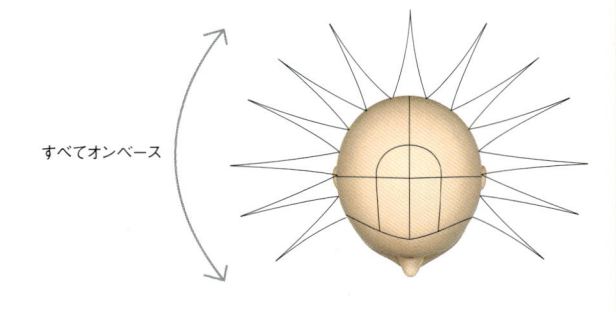

すべてオンベース

アウトライン
ウイッグ台下1cmから唇に向かう前上がりライン

K点　GP　イア・トゥ・イアポイント

イア・トゥ・イアポイントからハチのラインでブロッキングしてトップを分け取ります

ベースカット

まずK点からセンターのスライスをオンベースに引き出し、床に垂直にカット。以下、センターをネープまでオンベースに引き出し、耳上は床に垂直に、耳下はややグラデーションでカットします。センターガイドに合わせて、オンベースでカットします

バング〜フェースライン

バングの長さを眉上で設定し、床に平行に引き出しカット。バングをガイドにフェースラインを前方に引き出してカットします

トップ

K点を起点にした放射状スライスでオンベースに引き出し、バングにつなげてカットし、扇状スライスをオンベースでカットしていきます

BASIC PERM 129

近藤です。ここまでたどりついてくれた読者の皆さん、ありがとう&ご苦労様！サロンワークのパーマの基礎って、むずかしいと思いましたか？　それとも意外とかんたんだと思いましたか？　どちらの人も、サロンワークの基礎を学んだことに、自信を持ってください。きっと、パーマを見る目がワンランクアップしていると思います。

僕は、サロンワークでのパーマの役割は、デザイン提案のスーパーオプション、つまり「切り札」だと思っています。パーマは、ウエーブやカールはもちろん、ボリュームや動きをプラスして、まったくちがうイメージ（女性像）をつくり出すことができます。ナチュラルからフェミニンへ、カジュアルからモードへといったように大胆に女性像を変化させることも、あるいは前のデザインに飽きたお客様に小さな変化で気分転換をさせてあげることもできるわけです。だから、パーマに自信が持てると、デザイン提案に幅が出てくる。この本をここまで読んで、見て、巻いてくれた皆さんは、きっとこのことに気づいてくれていると思います。

あとは、実際のサロンワークで経験をつんでいきましょう。その中でいろいろなことに「気づく」ことができると思います。さあ、前を向いて、進んでいきましょう。

GET UP YOUR MIND!

近藤繁一